Dora Heldt
Alles eine Frage der Perspektive

AF204586

Viele Fragen, die wir uns im Alltag stellen, treiben auch Dora Heldt um. Und gar nicht so selten findet sie humorvolle und überraschende Antworten darauf, manchmal muss sie aber auch einfach verständnislos den Kopf schütteln. Warum in jedem noch so schäbigen Outfit eine Pretty Woman stecken kann, warum ein zweites X-Chromosom eine feine Sache ist und wie man am schönsten überreagiert. All das wird in diesem neuen Kolumnenband augenzwinkernd erläutert.

Dora Heldt, 1961 auf Sylt geboren, ist gelernte Buchhändlerin und lebt heute in Hamburg. Mit ihren Romanen führt sie seit Jahren die Bestsellerlisten an, die Bücher werden regelmäßig verfilmt. Weitere Informationen unter www.dora-heldt.de

Dora Heldt

Alles eine Frage der Perspektive

Von handybedinger Nackenstarre,
mutierten Märchenprinzen und anderen
erstaunlichen Dingen

dtv

Von Dora Heldt
sind bei dtv großdruck außerdem erschienen:
Urlaub mit Papa
Tante Inge haut ab
Kein Wort zu Papa
Ausgeliebt
Bei Hitze ist es wenigstens nicht kalt
Herzlichen Glückwunsch, Sie haben gewonnen
Jetzt mal unter uns
Im Grunde ist alles ganz einfach
Schnee ist auch nur hübsch gemachtes Wasser
Sommer. Jetzt!
Da fällt mir noch was ein

FSC
www.fsc.org

MIX
Papier | Fördert
gute Waldnutzung
FSC® C019821

Ungekürzte Ausgabe 2023
2. Auflage 2025
© 2020 dtv Verlagsgesellschaft mbH & Co. KG,
Tumblingerstraße 21, 80337 München
produktsicherheit@dtv.de
Dieses Werk wurde vermittelt durch die
Literarische Agentur Thomas Schlück GmbH, Hannover.
Umschlaggestaltung: dtv unter Verwendung eines Bildes von Markus Roost
Satz: C.H.Beck.Media.Solutions, Nördlingen
Gesetzt aus der DTL Documenta
Druck und Bindung: Druckerei C.H.Beck, Nördlingen
Printed in Germany · ISBN 978-3-423-25008-5

Inhalt

Vorwort 9
Digitale Eltern 13
Früher waren Ferien schöner 16
Milchmädchen 19
Einfach mal tun 22
Voll verschätzt 25
Immer diese Nörgler 28
Ostwind 31
Komm doch mal rüber 34
Anders, als es aussieht 37
Bunte Socken 40
Sehnsucht Winter 43
Post für dich 46
Ich kann es dir erklären 49
Männergruppen 52
Frisches Obst 55
Spielverderber 58
Hübsches Kleid 61
Ein immerwährendes Thema 64
Immer gut vorbereitet 67
Alles so schön bunt 70
Die schönste Zeit 73

Friedliche Stille 76

Die Schwächen der Frauen 79

Bulldozer 82

Gebeugte Köpfe 85

Eine Frage der Perspektive 88

Perfekt gestylt 91

Frag mal Mutti 94

Stille Männer 97

Für gut 100

Wie oft denn noch? 103

Ausweichmanöver 106

Frühlingsgefühle 109

Mut zur Lücke 112

Gefühl von Freiheit 115

Schönen Sonntag! 118

Immer erreichbar 121

Unter Hunden 124

So schön deutsch 127

Wer zuletzt lacht 130

Fortschritt mit Technik 133

Einfach mal überreagiert 136

Kannst du mal ...? 139

Auf der Klippe 142

Dabei sein 145

Sanfter Umgang 148

Geschönte Biografie 151

Damit es alle wissen 154
Die Liebe ihres Lebens 157
Sind Sie ein guter Hypochonder? 160
Stechender Durst 163
Urlaubsreif 166

Vorwort

Liebe Leserinnen, liebe Leser,

hier sind sie, die neuesten Kolumnen, in denen es um Frauen, Männer, Freundinnen, nervige Mitmenschen, schräge Begebenheiten und all die Alltagsdinge geht, die uns Tag für Tag beschäftigen. Die ich geschrieben habe, weil mich irgendetwas amüsiert oder manchmal auch geärgert hat. Weil ich Dampf ablassen musste oder nervige Dinge so beschreiben wollte, dass sie zwar noch nervig, aber etwas lustiger sind. Allen gemeinsam ist, dass diese Kolumnen im Alltag entstehen, dass es um Dinge geht, die viele kennen. Wie fragil unser Alltag aber ist, haben wir in diesem Jahr erfahren, als ein kleines tückisches Virus namens Corona unseren vertrauten Alltag innerhalb kürzester Zeit einfach ausgehebelt hat. Plötzlich war das, was uns vorher wahnsinnig wichtig erschien, überhaupt nicht mehr relevant. Wir mussten uns keine Gedanken mehr über Fehlkäufe, blöde Kollegen, anstrengende Reisen, misslungene Einladungen, schlechte Kosmetikbehandlungen oder die nächste Haarfarbe machen, weil nichts davon mehr eine Rolle spielte. Es ging jetzt um viel größere Dinge, um Gesundheit, Verantwortung, Hilfsbereitschaft und die Fähigkeit, sich selbst nicht so wichtig zu nehmen und alles, so wie es war, auszuhalten. Ich glaube, viele von uns haben vieles gelernt. Und ich hoffe, dass wir einiges aus dieser Zeit mitnehmen. Dass wir manches anders beurteilen und einordnen, als wir es sonst gemacht haben. Deshalb lesen Sie diese Kolumnen vielleicht ein bisschen anders. Sie sind vor dieser verrückten Zeit entstanden, manche wären sicherlich auch danach entstanden, manche vielleicht nicht. Es wird irgendwann wieder so sein, dass ich mich über blöde Kollegen innerlich aufrege und sie in einer Kolumne verarbeiten muss. Erst mal jedoch bin ich froh, sie wiederzusehen. Und ich hoffe, dass dieses Gefühl bleibt.

Ich wünsche Ihnen einen heiteren und gelassenen Blick aufs Leben, dass Sie gut durch diese Zeit kommen und schon gekommen sind und dass wir das, was wir gelernt haben, noch eine lange Zeit behalten.

Herzlichst, Ihre Dora Heldt

Digitale Eltern

Es gibt so viele lustige Geschichten über Mütter am Smartphone, Väter im Internet und die anstrengende Fehlerbehebung am Telefon. Das kennt fast jeder. Es gibt Mütter, die versehentlich mitten in der Nacht anrufen, obwohl sie doch nur ein lustiges Pinguin-Video schicken wollten, Väter, die der Überzeugung sind, ab sofort Opfer der Geheimdienste zu sein, weil die Meldung, das Virenschutzprogramm müsse aktualisiert werden, für sie nicht akzeptabel ist. Und das Internet sich sowieso gegen sie verschworen habe. Und man selbst sitzt daneben, atmet achtsam und will nicht schreien. Es ist ein sehr schwieriges Thema. Die Eltern und die neue Technik. Und eine harte Geduldsprobe.

Aber langsam beschleicht mich ein Verdacht: Das alles könnte eine späte Rache sein. Als Kinder haben wir doch alle nach Mama gebrüllt, egal, ob sie gerade beschäftigt oder im Aufbruch war, nur weil wir zu faul waren, irgendetwas selbst zu suchen. Wir weinten und hatten Wutausbrüche bei den Matheaufgaben, gefolgt von der Frage, ob wir wirklich so doof seien oder nur keine Lust hätten. Und mein Vater hat meinen Fahrradreifen selbst geflickt, weil ich seine Erklärungen einfach nicht begriffen habe. Wir kamen damit durch und deswegen schlägt das Eltern-Imperium jetzt zurück.

Mein letztes Telefonat mit meinem Vater drehte sich um das Einloggen auf einem Tablet, um ein Zeitungsabo benutzen zu können. Das ich ihm geschenkt hatte. »Ich komme nicht rein«, »Doch, du musst in der ersten Zeile gucken, da steht Login«, »Nein, steht da nicht, da ist eine Wurstwerbung«, »Nein, darunter«, »Da steht Berlin, 11 Grad, Regen. Das interessiert mich gar nicht, was soll ich in Berlin?«, »Papa, eine Zeile höher«, »Da ist Wurstwerbung«. Das Gespräch dauerte zwanzig Minuten, es endete ergebnislos.

Noch schlimmer war Dorotheas Telefonat mit ihrer Mutter. Die rief nämlich fünf Minuten vor einem sehr wichtigen Termin, von dem sie sogar wusste, bei ihrer Tochter an. Völlig aufgelöst, mit gebrochener Stimme, den Tränen nah. Dorothea verließ sofort mit dem Telefon den Raum, dachte an Todesnachrichten oder Krankheit, brauchte mehrere Minuten, um ihre Mutter zu beruhigen und endlich zu verstehen: »Dorothea, ich weiß nicht, was ich machen soll, ich bin völlig verzweifelt ... seit einer Stunde leuchtet an meinem Telefon die Taschenlampe und ich kriege sie nicht aus.«

Ich bin mir sicher, sie stellen unsere Geduld auf die Probe, weil wir es mit ihnen auch gemacht haben. Das hätten sie uns sagen sollen. Dass so was irgendwann kommt. Dann könnte ich heute Fahrradreifen flicken und Dorothea wäre besser in Mathe gewesen. Aber das ließ sich ja nicht ahnen. Mit Grüßen an alle digitalen Eltern

Ihre Dora Heldt

Früher waren Ferien schöner

Allmählich sind die Ferien vorbei, die meisten meiner Freunde sind wieder zurück, haben ausführliche Reiseberichte abgeliefert und sich mehr oder weniger gut erholt. Eine Sache ist mir in diesem Jahr aufgefallen: Es wurde mehr gemeckert. Über das Wetter (es war zu heiß oder zu nass), über die Staus (wir standen stundenlang auf der Autobahn, lauter Baustellen), über die Unterkünfte (das sah im Netz ganz anders aus, wieso haben die so gute Bewertungen?), über die vollen Toprestaurants am Urlaubsort (das wird überall empfohlen, man kriegt nur nie einen Tisch), fehlendes WLAN, teuren Kaffee oder übervölkerte Badestellen. Und dann kam der Satz: »Also früher waren Ferien schöner.«

Und das halte ich für Unsinn. Ich habe nämlich mal meine alten Alben durchgesehen und mich an die damaligen Sommerferien erinnert. Und jetzt halten Sie sich fest: Es war gar nicht alles schöner.

Es gibt natürlich Fotos mit blauem Himmel und Meer, aber auch welche, auf denen alle in gelben Öljacken und mit unglücklichen Gesichtern im Sturzregen stehen. Wir haben damals auch stundenlang im Auto gesessen, nicht zuletzt, weil die Autos viel langsamer waren und wir Benzin sparen wollten.

Es gab während der Reise mehrere schwere Auseinandersetzungen, weil wir uns mindestens einmal verfahren haben und der Beifahrer die Karte nicht lesen konnte, sich aber weigerte, anzuhalten und jemanden zu fragen. Es gab keine Klimaanlage, auf einem Foto hatten wir alle feuchte Handtücher auf dem Kopf, es gab auch keine Raststätten mit schicken Bistros, wir hielten auf Parkplätzen, tranken warme Brause und aßen vor Stunden geschmierte Käsebrötchen. Die Pensions- oder Hotelzimmer kannten wir nur aus dem geschönten Katalog, sie waren in echt immer viel kleiner, wir wussten nicht, ob es überhaupt Toprestaurants in der Nähe gab, und mussten den Tipps der Pensionsbesitzer glauben. Was oft ein Fehler, aber meistens günstig war. Abends lief man durch die Gegend und suchte eine Telefonzelle, um zu Hause anzurufen, tagsüber lag man am See oder am Strand, bekam einen Sonnenbrand, weil Eincremen noch nicht selbstverständlich war, langweilte sich auch mal, schrieb Postkarten, auf denen man ein bisschen log, und überlegte genau, was man fotografieren durfte, damit der 36-Bilder-Film nicht gleich voll war.

Es war anders und es war umständlicher. Aber es

war nicht unbedingt schöner. Das glauben wir nur, weil wir das meiste vergessen haben. Die schlimmen Restaurants und die Autokarten zum Beispiel. Und auch, dass wir damals einfach nicht so viel erwartet haben. Wir fanden es super, in die Ferien zu fahren und mal andere Dinge zu sehen und zu machen. Ohne vorher alles gesehen und geplant zu haben. Einfach mal entspannt abwarten, wie es da so wird. Und genau das geht übrigens heute auch noch. Man muss sich nur darauf einlassen. Mit rudimentärer Planung der Herbstferien grüßt

Ihre Dora Heldt

Milchmädchen

Neulich habe ich mal nachgeschlagen, was der Begriff »Milchmädchenrechnung« eigentlich genau bedeutet. Die Definition hat mich richtig erleichtert, trifft es doch ein Problem, mit dem ich mich schon lange herumschlage. Eine Milchmädchenrechnung ist nämlich eine »auf Trugschlüssen oder Illusionen beruhende Rechnung« oder anders gesagt »eine naive Rechnung, die nicht aufgeht«. Dieser Begriff geht auf eine Fabel des französischen Schriftstellers Jean de La Fontaine zurück, »Die Milchfrau und die Milchkanne«, in der sich ein Mädchen auf dem Weg zum Markt vorstellt, was es alles mit dem Erlös der Milch machen wird, wie es erfolgreich und wohlhabend wird, dann aber vorher die Milch verschüttet.

Also eine sehr naive Rechnung, die nicht aufgehen wird. Das habe ich jetzt schwarz auf weiß. Weil mich solche Rechnungen sogar unter Druck setzen. Und ich das jetzt endlich meinem Liebsten erklären kann. Der denkt nämlich kostengünstig. Und kauft mit großer Leidenschaft Tagestickets, liebt Flatrates oder Abos. Wenn wir also irgendwo mit öffentlichen Verkehrsmitteln hinwollen, kann ich sicher sein, dass er mir so ein Ticket in die Hand drückt. Es ist vierundzwanzig Stunden gültig, beinhaltet alle Strecken und ich kann den ganzen Tag durch die Gegend fahren. Das kauft er immer. Gegen meine Überzeugung. Weil wir selten den ganzen Tag durch die Gegend, sondern nur einmal von A nach B und wieder zurück nach A wollen. Was mit Einzelfahrscheinen viel günstiger gewesen wäre. Aber so haben wir ein Tagesticket und ich denke den ganzen Tag, dass ich dringend noch ein bisschen Bahn fahren müsste. Damit das Ticket sich lohnt. Und fühle mich unter Druck gesetzt.

Aus diesem Grund kann ich auch nicht in Restaurants essen, die Sonderpreise oder eine sogenannte Flatrate anbieten. Ich finde, dass sich der Slogan »All you can eat« schon anhört wie ein Aufruf zu einem Wettkampf. Und in meinem tiefsten Inneren habe ich das Gefühl, da mitmachen zu müssen. Was ich in den seltensten Fällen vertrage. Aber es ist mein Zwang, dass man das Bezahlte auch essen muss. Oder abfahren. Oder aufbrauchen.

Aber jetzt habe ich entschieden, mich nicht mehr auf die Kostenargumentation meines Liebsten einzulassen. Ich will keine »Bezahl zwei, nimm drei« mehr, weil ich das Dritte, egal was es ist, immer übriglasse, ich will nicht mehr drei Cocktails trinken, nur weil gerade Happy Hour ist, und ich kaufe auch keine Familienpackungen mehr, weil ich diese Mengen nie aufbrauche. Punkt. Einzelrechnungen statt Milchmädchenrechnungen und am Ende des Monats sehen wir mal, wer von uns mehr bezahlt hat, weniger Reste und weniger Druck hatte. Da kann er sich warm anziehen, der Liebste, ich wette, der Punkt geht an mich. Mit weniger Druck und mehr Quittungen grüßt

Ihre Dora Heldt

Einfach mal tun

Es gibt einen Satz, den ich schon häufig von Frauen, selten von Männern, nie von Kindern gehört habe. Er lautet: »Ich weiß aber nicht, ob ich das kann.« Meistens kommt er als Antwort auf eine Bitte oder Aufforderung, mit unsicherem Blick, ängstlicher Stimme, einige nagen dabei auch noch nervös an ihrer Unterlippe. Die Reaktion darauf ist meistens: »Okay, dann frage ich jemand anderen. Schon gut.« Und fertig. Man könnte aber auch sagen: »Dann versuch es doch mal«, damit der andere herausfindet, ob er was kann. Und sich endlich mal was traut.

Gestern habe ich einen Straßenmusiker vor dem Bahnhof gesehen. Ich bin sogar stehen geblieben. Nicht weil er so gut war, nein, ganz im Gegenteil. Er spielte Flöte, genauer, er spielte Blockflöte. Wobei man auch nicht spielen sagen kann, es kamen nur fiepende Töne aus diesem Instrument. Es klang, als hätte er es gerade zum ersten Mal in der Hand. Aber dabei wirkte er so engagiert und gut gelaunt, dass die Leute tatsächlich Geld in seinen Becher warfen. Obwohl es sich ganz schlimm anhörte. Ich glaube nicht, dass er sich viele Gedanken darüber gemacht hat, ob er das könne. Er tat es einfach. Genauso wie ein alter Freund von mir, der mich neulich besucht hat. Er sah, dass ein Leuchtmittel in einer Deckenlampe nicht mehr brannte, ließ sich sofort eine Leiter geben, ignorierte meinen Hinweis, dass diese Lampe schwierig sei, und hatte nach zwei Sekunden die Fassung zerstört. Die Schuld gab er der Lampe, normalerweise könne er so was.

Mein zehnjähriger Patensohn kann Fernsehgeräte programmieren, meiner wäre so ähnlich wie der seiner Eltern, das wäre babyleicht. Okay, um das erste Programm zu sehen, muss ich jetzt auf der Fernbedienung die 115 drücken, aber das ist egal, dafür habe ich irgendeinen Kinderkanal ganz vorn. Was mich nur so beeindruckt hat, ist, dass diese drei Männer niemals den Satz »Ich weiß aber nicht, ob ich das kann« auch nur denken würden. Geschweige denn sagen. Sie machen es einfach. Und sehen dann, ob es klappt. Wenn nicht, dann geht die Welt nicht unter. Im schlimmsten Fall muss man hinterher jemanden holen, der es tatsächlich kann. Aber es hätte ja klappen können.

Ich habe mir vorgenommen, den schlimmen Satz aus meinem Sprachgebrauch zu streichen. Stattdessen habe ich mir einen Akkuschrauber von meiner Schwester geliehen, um die Schrauben an meiner

Küchentür nachzuziehen. Denn die Tür schließt nicht mehr. Und das Nachziehen der Schrauben soll babyleicht sein. Hat mir neulich ein Nachbar erzählt, der dasselbe Problem hatte. Und er hat es behoben. Dann kann ich es wohl auch. Man muss sich nur trauen. Deshalb wünsche ich jetzt allen viel Erfolg.

Ihre Dora Heldt

Voll verschätzt

Eine der beliebtesten Szenen aus dem Film ›Pretty Woman‹ ist die, in der Julia Roberts in ihrem schlampigen Outfit in eine edle Boutique geht, in der sie von der arroganten Verkäuferin nicht nur schlecht behandelt, sondern gar nicht erst bedient wird. Eine schöne Szene, weil die unfreundliche Verkäuferin im Verlauf des Films natürlich ihre gerechte Strafe bekommt, nämlich dann, als die mittlerweile perfekt gekleidete Julia Roberts mit ihrem Prinzen Richard Gere an den Ort ihrer Schmach zurückkehrt und den entgeisterten Mitarbeiterinnen demonstriert, was ihnen an Umsatz entgangen ist. Und das nur, weil sie sich in ihrer Beurteilung der Kundin so grandios verschätzt haben. Das ist eben Pech. Und es passiert leider immer noch, obwohl ›Pretty Woman‹ schon einige Jahre auf dem Buckel hat. Weil sich Menschen zu schnell von Äußerlichkeiten ablenken lassen.

Ich habe mir vor vielen Jahren einmal in einem Designerladen eine Lampe angesehen. Das heißt, ich wollte sie mir ansehen, ich wollte sie auch kaufen, ich kannte auch den Preis, aber ich trug an diesem Tag eine alte Jeans, eine zu große Regenjacke und war nicht geschminkt. Als ich die Lampe berührte, schoss eine gut gekleidete Mitarbeiterin auf mich zu und fauchte, ich solle die Lampe nicht anfassen, sie wäre teuer. Ich wusste das, bin aber ohne zu antworten sofort gegangen. Und fühlte mich schlecht. Weil ich keinen Richard Gere an meiner Seite hatte, der noch mal mit mir dort hingegangen wäre. Und weil ich mich nicht gewehrt habe. Wie gesagt, das ist Jahre her. Aber immer noch im Kopf. Den Laden gibt es übrigens nicht mehr, ein kleiner Triumph.

Vor ein paar Wochen war ich mit fünf Freundinnen auf unserem jährlichen Ostseewochenende. An einem Tag gehen wir immer shoppen. In diesem Jahr fanden wir eine neu eröffnete Boutique, sehr schön, sehr edel. Wir waren alle kauflustig, kamen von einer Strandwanderung, trugen Jeans und Regenjacken und traten ein. Zwei Mitarbeiterinnen standen am Tresen, unterhielten sich, grüßten nur knapp und ließen uns stöbern. Dachten wir. Bis die eine laut zu der anderen sagte: »Das ist doch immer dasselbe, die fallen in der Gruppe ein, fassen alles an und kaufen nichts.« Und plötzlich hatten wir alle Julia Roberts im Kopf. Wir traten geschlossen den Rückzug an, setzten unsere Shoppingtour in den anderen Geschäften fort und dann, kurz vor Feierabend, gingen wir noch mal kurz in diesen Laden. Um kurz unsere zwölf Tüten zu zeigen. Lächelnd. Und mit einem sehr guten Gefühl. Weil wir noch nicht mal mehr einen Richard Gere brauchen. Das regeln wir inzwischen selbst. Mit Grüßen, auch an Julia Roberts,

Ihre Dora Heldt

Immer diese Nörgler

Meine Freundin Anna ist fassungslos. Sie hat ihren Schwiegereltern zum Hochzeitstag Karten für die Hamburger Elbphilharmonie geschenkt und dabei keine Kosten und Mühen gescheut, weil sie endlich einmal ein Geschenk überreichen wollte, an dem es nichts auszusetzen gibt. Ihre Schwiegermutter gilt nämlich als, wie Anna es freundlich ausdrückt, extrem kritisch und findet überall gern einen Haken. Dieses Konzert aber war ein Tipp des Schwiegervaters, sowohl das Konzert als auch der Ort, der Tipp schien bombensicher. Als Anna sich am Tag danach erkundigte, wie es ihr gefallen hatte, hörte sie statt begeisterter Schilderungen des Konzerts lediglich den Satz: »Also, wir mussten hinterher ja ewig auf ein Taxi warten. Das war ganz schlecht organisiert.«

Anna war sauer. Ich habe sie getröstet und gesagt, dass es solche Menschen gebe. Überall, auch in meinem Bekanntenkreis. Eine Nachbarin kam mir neulich im Hausflur sonnengebräunt, aber nur mäßig gelaunt entgegen. Auf meine Frage, wie der Urlaub denn gewesen wäre, antwortete sie nur kurz angebunden, dass es in ihrem Appartement überhaupt kein WLAN gegeben hätte, das wäre unmöglich gewesen. Zum Urlaub selbst machte sie keine Angaben, das Wetter, das Meer, das Essen blieben natürlich hinter der WLAN-Katastrophe zurück. So ist es eben. Da hat man mal etwas Schönes vor – und zack kommt ein Rückschlag. Das ist auch einer anderen Bekannten passiert, die in einem sehr teuren und sehr feinen Restaurant essen war. Ihr Kommentar anschließend lautete: »Am Dorsch war zu viel Sauce.« Kein Wort, schon gar kein Lob, über das Restaurant. Natürlich kann man Kritik üben, wenn etwas nicht hält, was es verspricht, aber warum muss man nur das erwähnen, was nicht so gut war? Ein Kompliment für ein schönes Kleid braucht man nicht mit »Hör bloß auf, das war so teuer und jetzt knittert es sofort« beantworten. Es ist doch trotzdem schön.

Wir haben wochenlang sonniges Traumwetter gehabt, unsere Kandidaten stöhnen über die Hitze und prognostizieren düster, dass nach dem tagelangen Ostwind garantiert Quallen in der Nordsee sind. Warum erzählen sie uns nichts über laue Sommerabende am Deich und morgendliche Sonnenaufgänge in allen Farben? Eine Theorie könnte sein, dass sie uns nicht neidisch machen wollen und deshalb die schönen Schilderungen auf das verknappen, was schiefgelaufen ist. Die andere Theorie ist, dass sie selbst die schönen Dinge gar nicht sehen oder sehen wollen. Weil sie es nicht aushalten, dass man die nicht für immer hat. Und weil man ja doch nach dem Urlaub bald wieder im Büro statt am Meer sitzt. Wo aber zum Glück das WLAN stabil ist. Wie auch immer, wir sollten uns nicht über sie aufregen. Und einfach nicht fragen, wie es war und wie es ihnen gefallen hat. Und uns freuen, dass wir Sommer haben. Alles ist schön, damit grüßt

Ihre Dora Heldt

Ostwind

Es gibt Tage, an denen alles schiefläuft. Alle haben schlechte Laune, man selbst hat Kopfschmerzen und schon eine Stunde nach dem Aufstehen den ersten Streit. Meine Mutter behauptet, dass es mit dem Ostwind zu tun habe, der mache die Leute verrückt. Andere geben dem Mond die Schuld und wieder andere halten es einfach für eine Aneinanderreihung von Zufällen. Oder kurz, Pech.

Ich glaube an den Ostwind. Den hatten wir nämlich letzte Woche und ich habe mich sofort nach dem Aufstehen aufgeregt, weil ich verschlafen habe, obwohl ich mir extra das Handy gestellt hatte. Der Akku hatte sich nur leider während der Nacht verabschiedet. Also hetzte ich, eher nachlässig gekleidet und nur wenig geschminkt, los, um zu meinem ersten Termin schon zu spät zu kommen. Das war aber egal, weil mein Gesprächspartner gar nicht da war. Er hatte Urlaub und nur vergessen, mir das mitzuteilen. Ich entschied mich für Gelassenheit und für eine ganze Reihe von Besorgungen, die ich sowieso machen musste.

An diesen Tagen haben aber auch leider viele der

Verkäuferinnen schlechte Laune. Im ersten Laden wurde mir gesagt, ich wäre noch gar nicht dran, im zweiten gab es meine Hautcreme nicht mehr, ich wurde aber belehrt, dass die für meinen Hauttyp sowieso völlig falsch sei, deswegen hätte ich auch so viel Flecken im Gesicht. Im dritten wurde behauptet, dass die Sandalen, die ich haben wollte, nämlich die mit drei Riemchen, total altbacken wären, die kaufe hier kein Mensch mehr, noch nicht einmal zum Arbeiten, und deswegen gäbe es die auch sonst nirgendwo. Im letzten Laden, einer hübschen Boutique, in der ich freundlich sagte, dass ich mich gern umsehen würde, kam sofort ein Dragoner auf mich zugeschossen, der mich von oben bis unten musterte und mir erklärte, sie hätten hier nur besondere Sachen, ich solle mal sagen, was ich wolle, dann könne sie mir was raussuchen. Aber allein würde ich hier nichts für mich finden. Ja, und das war der Moment, wo ich wirklich schlechte Laune bekam. Und nach Hause gegangen bin. Ohne einen Euro ausgegeben zu haben. Dabei wollte ich das. Um mich bei Ostwind über etwas freuen zu können. Einfach so. Über ein besonderes Teil oder Sandalen mit drei Riemchen oder über eine neue Gesichtscreme. Über irgendwas halt, ich hätte es gekauft, wenn man mich gelassen hätte. Aber so nicht.

Also, meine Damen, und besonders an den Dragoner: Gerade bei Ostwind sollte man nett zu den Kunden sein. Die wollen nämlich einkaufen, auch mit Gegenwind. Um diesen Tag noch zu retten. Ich habe es übrigens geschafft. Ich habe nämlich abends Nele zum Essen eingeladen. In ein Restaurant, in dem ich genauso viel bezahlt habe, wie ich sonst in den Läden ausgegeben hätte. Und wenigstens das war ein gutes Gefühl. Auch wenn ich danach nicht schlafen konnte, weil ich zu satt und weil Vollmond war. Der soll ja auch schlechte Laune machen. Mit der Hoffnung auf wochenlangen Westwind grüßt

Ihre Dora Heldt

Komm doch mal rüber

Ich habe in einem alten Kinderbuch eine Einladungskarte meiner Kinderfreundin Kathrin gefunden. Eine Postkarte, in der auf vorgezeichneten Linien mit Kinderschrift stand, dass sie mich zu ihrem Geburtstag einlädt. Und ich bis Mittwoch Bescheid sagen soll, ob ich komme. So war das früher. Man wurde schriftlich eingeladen, und man ging hin. Es sei denn, die Windpocken oder irgendeine andere Kinderkrankheit waren vorher ausgebrochen. Auch bei alltäglichen Verabredungen lief es anders. Wollte ich mich mit einer Freundin zum Eis essen treffen, gab es zwei Möglichkeiten: Entweder verabredete man sich schon in der Schule oder rief nachmittags an. Natürlich erst nach 15 Uhr, vorher war ja Mittagsstunde, und nur ganz kurz, wegen der teuren Telefongebühren. Und dann ging man rechtzeitig los, um die Freundin nicht warten zu lassen, und kam meistens mit ihr gleichzeitig an. Nichts und niemand hätte einen dabei aufhalten können, wäre eine von beiden nicht erschienen oder viel zu spät gekommen, hätte das bisweilen sogar das Ende der Freundschaft bedeuten können.

Wir kamen nicht zu spät. Und wir erschienen immer.

Jetzt sollte man eigentlich denken, dass im Zeitalter der ständigen und bequemen Erreichbarkeit und im Zuge der technischen Fortschritte das Verabreden und das Einhalten dieser Verabredungen doch viel leichter geworden sind. Aber so ist es leider nicht. Wer jemals in einer WhatsApp-Gruppe versucht hat, eine Verabredung zu treffen, wird das kennen. Es geht hin und her, es werden Smileys mit großen Augen und verwirrtem Blick geschickt, nicht jeder liest alle Mitteilungen, deshalb werden auch schon mal Uhrzeiten und Tage übersehen, aber dann nach zwölf Beiträgen wird gefragt, ob es um diesen Freitag geht, was vom Ersten mit »Ja« und vom Zweiten mit »Nein, nächsten« beantwortet wird. Nach einer Stunde, und teils durch die Spracherkennung verschlüsselten Nachrichten, erbarmt sich jemand und ruft an, danach ist der Termin in fünf Minuten geklärt. Und die anderen schicken lachende Smileys.

Diese werden aber an dem Abend der Verabredung von verlegenen, verschämten oder grüngesichtigen Smileys abgelöst, nämlich dann, wenn mitgeteilt wird, dass man zu spät oder gar nicht kommt, weil entweder Stau ist, die Bahn streikt, unverhoffter Besuch vor der Tür stand oder man einfach vergessen hatte, dass man an diesem Abend eigentlich keine Zeit hat. Gern eine halbe Stunde vorher, spätestens dann, wenn ich schon auf dem Weg bin oder gerade kein Netz habe. Verabredungen in diesen Zeiten sind nämlich nicht einfacher geworden. Und schon gar nicht verbindlicher. Und deshalb habe ich manchmal eine große Sehnsucht nach Postkarten mit vorgezogenen Linien, auf denen steht, wann und wo wir uns treffen. Oder nach einem Anruf, in dem jemand sagt, dass ich doch mal rüberkommen soll. Jetzt gleich. Ohne Smiley. Und ganz bestimmt. Auf der Suche nach passenden Einladungskarten für einen sentimentalen Kaffeeklatsch grüßt

Ihre Dora Heldt

Anders, als es aussieht

Ich weiß nicht, ob es Ihnen auch so geht, aber es gibt Frauen, bei deren Anblick ich mich sofort alt, dick, klein und unwohl fühle. Das hat nichts mit Verstand oder Erfahrung zu tun, es überkommt mich von der ersten Sekunde an. Und ich weiß nicht, wie ich das abstellen kann. Obwohl ich vielleicht einen kleinen Schritt dahin gemacht habe. Ich bin mit der Bahn zum Flughafen gefahren, eine kurze Strecke, bei der man einmal umsteigen muss. Und beim Umsteigen sah ich diese Frau. Schön, groß, sehr schlank, sehr selbstbewusst in Jeans, hohen Absätzen, weißer Bluse und kurzer Jacke. Die blonden Haare lässig hochgesteckt, perfektes Make-up, teure Tasche, teurer Koffer, schöner Schmuck. Ich schob meine nicht manikürten Finger in die Jackentaschen, meine alte Reisetasche unter den Sitz, sah aus dem Fenster und wunderte mich, dass sie öffentliche Verkehrsmittel benutzte. Ich hätte sie eher im Porsche vermutet.

Genau in dem Moment beugte sie sich vor und fragte mich, ob das auch wirklich die Bahn zum Flughafen sei, sie kenne sich hier überhaupt nicht aus. Kein Wunder, dachte ich und nickte zur Bestätigung. Am Flughafen verlor ich sie aus den Augen, aber als ich in die Maschine stieg, war sie die Erste, die ich sah. Und sie saß genau neben dem Platz, den ich reserviert hatte. Und lächelte mich erfreut an. Ich habe natürlich zurückgelächelt, mich so elegant wie möglich gesetzt und sofort mein Buch aus der Tasche geholt. Gelesen habe ich allerdings nicht, sondern ihr geantwortet, dass ich diese zweite Begegnung auch lustig fände.

Und danach kamen wir ins Gespräch. Bis zur Landung habe ich Folgendes gelernt: Ich lasse mich zu sehr von Äußerlichkeiten beeindrucken und habe zu viele Vorurteile. Taschen und Schmuck können Geschenke von Geschwistern sein, die hohen Absätze Leihgaben von Töchtern, dünne Frauen wären auch gern mal dicker und für schöne Haare und Gesichter kann man nichts. Auch schöne Frauen kommen aus der Provinz und haben Flugangst, sie können auch durchaus in einer kleinen Zweizimmerwohnung leben und noch nie auf Sylt gewesen sein. Sie fahren auch gebrauchte Kleinwagen, essen gern Currywurst und würden sich gern mal verlieben. Und sind auf den zweiten Blick überhaupt nicht zu selbstbewusst, sondern eher ein bisschen schüchtern. Es ist ein großer Schritt bei meinen

Bemühungen gewesen, mich nicht immer so beeindrucken und einschüchtern zu lassen. Danke, Alexandra aus Rostock, es war mir ein großes Vergnügen. Und auf dem Weg zum Fahrkartenschalter, den ich dir gezeigt habe, ist mir aufgefallen, dass du gar nicht so viel größer bist. Das habe ich nur so empfunden.

Also, an alle Frauen da draußen, wir sollten mehr miteinander reden, als uns nur unauffällig anzusehen. Dann können solche netten Begegnungen entstehen. Mit Grüßen, auch an die schöne Alexandra,

Ihre Dora Heldt

Bunte Socken

Ich habe während einer Bahnfahrt einen interessanten Artikel in einer Zeitschrift gelesen. In einer wissenschaftlichen Studie der Harvard Business School haben Wissenschaftler den sogenannten Red Sneaker Effect untersucht. Was so kompliziert klingt, ist in Wirklichkeit ganz einfach. Es ging in dieser Studie nämlich um Männer, die ihre Umgebung mit ungewöhnlichen Outfits überraschen. In einer Ansammlung von Geschäftsmännern in grauen oder schwarzen Anzügen fällt natürlich ein Mann, der zu seinem Anzug keine Lederschuhe, sondern rote Sneaker trägt, sofort auf. Eine ähnliche Wirkung haben auch knallbunte Socken, genauso wie das Tragen von lässiger Sportmode zu offiziellen Anlässen. Die Forscher der Harvard Business School sind nun zu dem Schluss gekommen, dass diese Männer, die Mut zu ungewöhnlicher Kleidung oder Schuhen zeigen, in der Regel schlauer, erfolgreicher und selbstbewusster als die anderen sind. Ihnen wird ein höheres Niveau und ein höherer Status zugeschrieben. Wenn also jemand mit schreiend bunten Socken zum dunklen Anzug in einer Gesprächsrunde sitzt, kann man also davon ausgehen, dass er mehr weiß und klüger ist als alle anderen, deren dunkle Socken langweilig unter dem Hosenbein hervorblitzen. Und ein Mann, der absichtlich in Jogginghose zum Jackett in ein Restaurant geht, sagt damit:»Seht her, ich kann mir so was leisten.« Er hat es geschafft. Das meinen zumindest die Wissenschaftler der Harvard Business School.

Ich habe diesen Artikel sehr gründlich und sehr interessiert gelesen, auch weil mir gegenüber gerade zwei solcher Probanden saßen. Sie waren eindeutig auf einer Geschäftsreise, vielleicht Mitte fünfzig und sehr modisch. Der eine von ihnen trug eine Skinny Jeans zum Nadelstreifenjackett und tatsächlich rote Sneaker, der andere einen blauen Anzug, der aber von grünen Socken, auf denen gelbe Bananen waren, aufgepeppt wurde. Ich war schon versucht, ihnen diesen Artikel zu zeigen, weil ich es bemerkenswert fand, dass mir genau in diesem Moment zwei der Forschungsobjekte gegenübersaßen, als der in der Skinny Jeans plötzlich sagte:»Hast du Ulla heute Morgen im Büro gesehen? Jemand sollte ihr sagen, dass sie in ihrem Alter keine kurzen Röcke mehr tragen sollte. Auch wenn ihre Beine noch ganz okay sind.«

Die Jungs von der Harvard Business School haben sich geirrt. Bunte Socken und Sneaker machen nicht klug und zeigen kein höheres Niveau. Bananen auf Socken sind albern und Skinny Jeans an mittelalten Männern lassen mich sofort an Störche denken. Ich habe übrigens einen Stift aus meiner Tasche gezogen, das Wort *Fake* über den Artikel geschrieben und die aufgeschlagene Zeitschrift auf meinem Sitz liegenlassen, als ich ausgestiegen bin. Vielleicht haben die beiden Forschungsobjekte es gelesen, womöglich haben sie den Witz aber nicht kapiert. Mit herzlichen Grüßen, auch an Ulla,

Ihre Dora Heldt

Sehnsucht Winter

So, das war er nun, der Jahrhundertsommer, jetzt steuern wir auf den Herbst zu. Aber das ist vielleicht auch ganz gut so. Ich habe nämlich mal versucht, diesen Jahrhundertsommer für mich zusammenzufassen. Die guten Seiten fallen mir sofort ein. Ich habe meine sozialen Kontakte gepflegt, was sehr leicht war, weil die Tage länger, die Laune besser, die Unternehmungslust größer und die Plätze in den Gartenlokalen und Biergärten schöner waren. Ich habe meinen Bestand an Flipflops, Sommerkleidern und Leinenblusen deutlich aufgestockt. Ich war sehr oft baden und viel in der Sonne. Ich habe wenig Hunger gehabt, weil es so heiß war. Ich war sehr entspannt und selten in Eile, weil man sich in dieser Hitze einfach weniger bewegt, um Energie zu sparen. Deswegen gibt es im Süden auch die stundenlangen Siestas, ich habe sie mehr oder weniger auch bei mir eingeführt.

Ich habe mich überhaupt nicht verrückt gemacht, nur weil mein Bad staubig oder meine Fenster schmutzig waren, ich war da sehr lässig. Also alles in allem hatte ich eine sehr gute Zeit. Aber es gibt auch ein paar Seiten, die vielleicht nicht so gut an diesem Jahrhundertsommer und meinem Umgang mit ihm waren. Ich habe definitiv zu wenig geschlafen, weil meine Wohnung sehr warm war und ich deshalb lieber in Gartenlokalen und Biergärten gesessen habe. Ich besitze jetzt mehr Flipflops, Sommerkleider und Leinenblusen, als ich jemals brauchen werde. Das habe ich gemerkt, als ich sie alle gebügelt in den Schrank hängen wollte, sie passen nicht rein, ich muss also dringend aussortieren. Ich hatte zwei Sommergrippen nacheinander, was daran liegen könnte, dass ich ziemlich oft mit nassen Haaren irgendwo im Zug gesessen habe. Ich habe drei Kilo zugenommen, weil ich meine Ernährung auf Eis am Tag und sehr späte Nudeln mit Weißwein am kühleren Abend umgestellt hatte. Bei nicht nennenswertem Kalorienverbrauch durch Bewegung, weil es dafür ja zu heiß war. Ich habe zwar schöne Siestas gemacht, aber in der Zeit keine Kolumnen geschrieben. Weswegen ich jetzt unter Druck gerate. Und zu guter Letzt sieht meine Wohnung aus, als hätte eine Bombe eingeschlagen. Die nicht nur Chaos, sondern auch sehr viel Staub hinterlassen hat.

Was ist also mein Fazit? Eine Zeitlang war dieser

Jahrhundertsommer sehr schön, vielen Dank dafür. Aber jetzt wird es wirklich Zeit, dass der nahende Herbst mein Leben, meine Wohnung, meine Disziplin und mein Gewicht wieder in Ordnung bringen. Deswegen lege ich die Fotos von Sonnenuntergängen, weißen Leinenkleidern und Eisbechern am Meer in die Schublade und fange an, Fenster zu putzen. Damit das alles bis zum Herbst wieder in geordnete Bahnen kommt. Mit Restbräune und wiedererwachter Energie grüßt

Ihre Dora Heldt

Post für dich

Ich hatte als Teenager eine Brieffreundin aus England. Sie hieß Sharon, wir waren beide dreizehn Jahre alt und Fans derselben Popgruppe. Während meine Eltern und meine Englischlehrerin begeistert ob dieses Hobbys waren, reduzierten sich unsere Briefe relativ schnell auf die mitgeschickten Fotos aus unterschiedlichen Jugendzeitschriften, gemalte Herzchen mit den Initialen unserer Popgötter und auf etwas banale Bekenntnisse in Form von Halbsätzen. Ich hatte irgendwann die meisten Fotos der Bay City Rollers, aber immer noch eine Vier in Englisch. Als die Band sich auflöste, hörten wir auch auf, uns zu schreiben.

Was mir aber in Erinnerung geblieben ist, das ist die Aufregung, wenn ein Brief von Sharon mit der Post kam, samt englischer Briefmarke und englischem Poststempel. Der Satz »Du hast Post« war einer meiner liebsten Sätze, er ist mir erst vor Kurzem wieder eingefallen. An dem Tag nämlich, als ich tatsächlich Post von einer alten Freundin bekam. Es war ein richtiger Brief, keine Einladung, kein Vordruck, sondern ein mit Füllfederhalter geschriebener Brief, drei Seiten lang, auf denen sie erzählte, wie ihr Urlaub war, was ihre Kinder so machen, was bei ihr in den letzten Monaten alles los gewesen war und dass sie zum Geburtstag diesen schönen Füllfederhalter geschenkt bekommen hätte, mit dem sie mal wieder Briefe schreiben wollte. Statt der ewigen SMS und E-Mails, an die man sich so gewöhnt hätte. Ich war total perplex. Dieser Brief war seit Jahrzehnten der erste, den mir jemand einfach so geschrieben hatte, wie früher, es hat mich richtig melancholisch gemacht.

Ich habe sofort zurückgeschrieben und war irritiert, wie schlecht meine Schrift geworden ist. Ich bin handschriftlich völlig aus der Übung, ab Zeile vier war es kaum noch lesbar, ich musste einen zweiten Versuch machen und mich richtig anstrengen. In einem Kurzurlaub habe ich zu Übungszwecken Postkarten gekauft. Statt irgendein Foto als SMS zu verschicken, unter den ein eiliges »Schön hier, bis bald« getippt wird, habe ich hübsche Karten ausgesucht und an Familie und Freunde geschickt.

So leicht ich Kurzmitteilungen tippen kann, so schwer fiel es mir, mit dem knappen Platz auf der Karte auszukommen. Ich habe mir jetzt Briefpapier gekauft, außerdem schöne Postkarten, und mir vorgenommen, das zu üben. Ich schreibe an Freunde, was mir so gerade passiert ist. Mal eine Karte, mal einen Brief, je nachdem, was los war. Ich mache das ganz langsam, denke noch mal über die Ereignisse, die ich erzählen will, nach, überlege mir die richtigen Formulierungen und gehe anschließend zufrieden zum Briefkasten. Und fühle mich sehr entspannt. Wenn dann noch ein paar Tage später ein Brief zurückkommt, den man in aller Ruhe, gemütlich mit Kaffeebecher in der Hand, zu Hause liest, dann fühlt es sich fast wieder an wie damals. »Du hast Post«, so ein schöner Satz. Mit Grüßen an die Brieffreunde

Ihre Dora Heldt

Ich kann es dir erklären

Meine Freundin Anna ist gestern Abend zu spät gekommen. Nur eine halbe Stunde, ich fand es auch nicht schlimm, aber sie brauchte fast zwanzig Minuten, um mir die Gründe dafür zu erklären. Der Bus, mit dem sie fahren wollte, hatte auf dem Weg zu ihrer Haltestelle einen Unfall gehabt, das wäre doch kein Wunder bei der Verkehrspolitik unserer Stadt, erst würden überall Baustellen aufgemacht, um Busspuren zu bauen, in ihrer Straße hätten deshalb schon Einzelhändler schließen müssen, dann kämen jetzt diese neuen Verkehrsmittel wie E-Scooter, damit das Klima besser würde, aber die würden ja die Unfälle verursachen, weil der Platz einfach nicht für alle Verkehrsteilnehmer ausreiche, sie wäre für autofreie Straßen und eine andere Politik, dann wäre sie gleich mit dem Fahrrad gekommen. Und pünktlich. Ich habe nur gedacht, dass sie das auch so hätte machen können, ohne die Schuld auf die großen Themen zu schieben, aber ich habe nichts gesagt. Es ist mir nur aufgefallen, dass häufig ein eigenes Fehlverhalten weitschweifig und manchmal seltsam gerechtfertigt wird.

Eine andere Freundin geht nicht regelmäßig zum Zahnarzt, ich weiß, dass sie Angstpatientin ist, aber sie erklärt ernsthaft, dass sie es nur deshalb nicht macht, weil das Gesundheitssystem des Landes verändert werden muss, weil es unterschiedliche Klassen von Patienten gibt, zu wenig Ärzte auf dem Land praktizieren, wir einen Pflegenotstand haben und sie mit Sorge in ihre gesundheitliche Zukunft sieht. Auf mein irritiertes Kopfschütteln, weil das doch gar nichts mit ihrem Zahnproblem zu tun hat, landete sie irgendwann bei börsennotierten Pharmafirmen und etwas diffusen Verschwörungstheorien. Dabei funktionieren diese Ablenkungsmanöver nur bei den Beteiligten selbst, egal wie viel Mühe sie sich geben.

So wie die Rechtfertigung eines Mannes, der neulich am Grundstück meiner Eltern stehen blieb und aus einem Kunststoffbecher Kaffee trank, während sein sehr großer Hund sein Geschäft vor die Gartenpforte meiner Eltern machte. Meine Mutter, die dazukam, fragte den Mann, der gerade weitergehen wollte, etwas verblüfft, ob er keinen Hundebeutel dabeihätte, um den Haufen zu entsorgen. Er sah meine Mutter nur flüchtig an und antwortete, er würde zugunsten der Umwelt auf Plastik verzichten und benutze deshalb keine Beutel mehr. Dann ging er. Und meine Mutter sah ihm sprachlos hinterher. Und deshalb an dieser Stelle: Wir finden es gut, wenn man sich Gedanken um Umwelt, Klima und vor allen Dingen Umgang mit anderen macht. Aber dann doch bitte immer. Und nicht nur, wenn es für eine bequeme Ausrede passt. Mit leicht erhobenem Zeigefinger grüßt

Ihre Dora Heldt

Männergruppen

Es gibt ein Vorurteil, das sich bei Männern hartnäckig hält, auch wenn meine Freundinnen und ich alles tun, um das nicht zu bestätigen. Frauengruppen sind laut. Immer. Frauen reden, kreischen, lachen und brauchen noch nicht einmal eine Pause, um zu atmen. Also hüte man sich vor Tischen in Restaurants, an denen mehr als zwei Frauen sitzen, die sich kennen. Auch bei unserem letzten Freundinnentreffen haben wir das erlebt, weil die beiden Männer am Nebentisch bereits genervt einen anderen Tisch verlangten, noch bevor wir überhaupt die Speisekarten in der Hand hatten. Aber jetzt hatte ich ein Erlebnis, das beweist, dass dieses Vorurteil über Frauengruppen einfach nur ein blödes Klischee ist.

Ich musste den Tag zwischen zwei Abendveranstaltungen in einer mir fremden Gegend überbrücken und hatte mir überlegt, ihn ganz entspannt in einer Sauna zu verbringen. Ich fuhr gleich morgens hin und war sehr erfreut, dass es dort schön und wunderbar ruhig war. Anscheinend gingen die Menschen, die hier wohnten, nicht schon vormittags in die Sauna. Bis auf eine kleine Gruppe Männer allerdings, augenscheinlich ein langjähriger Saunaclub. Sie waren zwischen siebzig und achtzig und trafen ein, während ich schon in der ersten Sauna saß. Drei von ihnen kamen dazu, grüßten freundlich und begannen sofort, sich gegenseitig und lautstark über die neuesten Ereignisse in ihrem Leben zu informieren. Werners Auto hatte einen Marderschaden, er hatte sehr lange bei der Reparatur warten müssen, seit Schröders Sohn die Autowerkstatt übernommen hat, kann man nämlich die Terminplanung da vergessen. Das war im Krankenhaus dasselbe, rief Günther, er wäre nämlich letzte Woche zur Nachuntersuchung da gewesen und hatte so lange warten müssen, bis er ein Knöllchen am Auto hatte. Dieter hat sofort gefragt, wie es denn so sei, mit der neuen Hüfte, daraufhin hat Günther noch mal alles genau erklärt. Bevor er zur Schilderung der Reha kam, war meine Zeit um und ich verließ die Sauna.

Draußen saßen Peter und Harald nebeneinander, die auch über Günthers Hüfte sprachen, das sei ja schon toll, wie schnell das heutzutage alles ginge. Und dass man dringend über die Trainerfrage beim BVB sprechen müsste. Apropos sprechen, vier der sechs Saunafreunde tragen außerhalb der Sauna

Hörgeräte. In der Sauna lösen sie diese Hörprobleme, indem sie sich anschreien. Und zwar unentwegt. Damit alle alles hören können. Ich also auch. Und deswegen weiß ich jetzt alles über zerbissene Kabel, Bluthochdruck, die aktuellen Bundesligaergebnisse, Beitragserhöhungen im örtlichen Tennisclub, ich weiß, dass Werners Frau Margret heißt und einen asiatischen Kochkurs von den Kindern bekommen hat, er aber keinen Reis mag, irgendein Erwin ein Blödmann und sein Sohn zu dick ist. Und ich weiß, dass Männergruppen laut sind. Sehr laut. Viel lauter als wir. So. Mit leisen Grüßen aus der Frauensauna

Ihre Dora Heldt

Frisches Obst

Letzte Woche habe ich von einer Nachbarin einen großen Korb Äpfel und Orangen geschenkt bekommen. Das war wahnsinnig nett von ihr und so fürsorglich. Gerade im Herbst und Winter braucht der Mensch Vitamine. Und wir kennen ja auch den alten Satz, dass ein Apfel am Tag den Arzt ersetzt. Aber – und jetzt muss ich mich mal outen: Ich habe ein Problem mit Obst. Es geht nur in ganz bestimmten, seltenen Fällen. Ich höre schon die Aufschreie, wie das denn möglich wäre, es sei doch so gesund und kalorienarm und wie toll Orangen, knackige rote Äpfel, sattgelbe Ananas oder frische Melonen schmecken. Aber leider zieht sich bei mir schon alles zu, wenn ich es nur aufschreibe.

Ich hatte schon als Kind Probleme damit. Bei der Zahnpasta-Werbung, in der jemand laut und mit Schmackes seine Zähne in einen knallgrünen Apfel gräbt, musste ich das Zimmer verlassen. Mit geschlossenen Augen und zugehaltenen Ohren. Ich kann das Geräusch nicht ertragen.

Wenn ich Ananas esse, zieht sich in Sekundenschnelle mein Gesicht zusammen, das würde ich nie in der Öffentlichkeit machen. Ich kann keine Weintrauben essen, in denen Kerne sein könnten, dasselbe gilt für Mandarinen und Wassermelonen. Bananen gehen, aber nur, wenn sie keine braunen Flecken haben, und klein geschnittener Pfirsich wäre eine Option, wenn er keine Druckstellen hat. Druckstellen sind auch bei Birnen ein Problem. Ich gebe zu, dass mich da eine gewisse Hysterie umgibt, wenn es um Obst geht, und ich versuche auch, dagegen anzukämpfen. Jeder Obstsalat auf einem Frühstücksbüffet löst ein schlechtes Gewissen aus, jeder Wochenmarkt gibt mir das Gefühl, etwas Wunderbares zu versäumen. Manchmal kaufe ich dann auch aus diesem Gefühl heraus kernlose Trauben oder sogar mal eine Mango. Aber dann hat sich doch ein einsamer Kern in die erste Traube verirrt oder die Mango lag unglücklich und hat eine Druckstelle. Und dann bin ich sofort wieder raus.

Ja, es ist schade, das finde ich auch. Und deshalb backe ich jetzt Apfelkuchen und koche Orangenmarmelade. Dann geht es nämlich gut. Das mit dem Obst. Und mit mir. Es stört mir auch gar nicht, wenn alle anderen Obst essen. Ich will ja nicht in den Ruf kommen, hysterisch zu sein. Nur eine kleine Bitte: Wenn Sie herzhaft in einen grünen Apfel beißen wollen, dann wäre ich sehr dankbar, wenn das in einigen Metern Entfernung von mir passieren könnte. Ich reagiere da empfindlich. Danke und mit frischen Grüßen und Schlagsahne auf dem Apfelkuchen

Ihre Dora Heldt

Spielverderber

Kennen Sie das auch? Sie freuen sich auf eine Verabredung oder ein Ereignis, sind davon überzeugt, dass es ein tolles Erlebnis wird, bereiten sich den halben Tag darauf vor, überlegen stundenlang, was Sie anziehen sollen, verschieben schon mal Ihre Termine des nächsten Vormittags, weil Sie davon ausgehen, dass es ein langer, schöner Abend wird, und dann wird Ihnen die Begeisterung bereits in den ersten fünf Minuten ausgetrieben. Sie kennen das nicht? Dann haben Sie Glück. Oder andere Verabredungen.

Mir ist das nämlich in der letzten Woche zweimal passiert. Das erste Mal war es eine Verabredung zum Essen mit einer alten Freundin, die ich schon ewig nicht gesehen hatte und die gerade beruflich in der Stadt war. Ich hatte die Tage zuvor viel gearbeitet, mich wegen meines leeren Kühlschranks und fehlender Zeit zum Einkaufen fast ausschließlich von Käsebroten ernährt, freute mich deshalb sowohl auf die Freundin als auch auf das Essen und die Gespräche, fuhr bestens gelaunt mit dem Bus in die Innenstadt und kam an den reservierten Tisch, an dem sie schon saß. Sie war etwas übellaunig, weil ihr Termin nicht gut gelaufen war, und bestellte nur einen gemischten Salat, weil sie abnehmen müsste. Einen Salat. Der würde ihr reichen, teilte sie mir knapp mit und dazu bestellte sie ein Wasser, weil sie morgen wieder früh rausmüsste. Zack. Da war sie hin, meine vorfreudige Begeisterung. Ich bringe es nicht über mich, in so einer Situation eine Pizza und ein Glas Rotwein zu bestellen, da bin ich irgendwie verklemmt. Also nahm ich auch nur eine kleine Vorspeise, trank das Wasser, das sie sowieso bestellt hatte, und machte mir knapp zwei Stunden später zu Hause noch ein Käsebrot. Ohne große Begeisterung.

Das Wochenende davor ist bei mir schon ähnlich abgelaufen. Ich bin mit Freunden an die Ostsee gefahren, hatte mir freudig einen langen Strandspaziergang vorgestellt, zumal sonniges Wetter angesagt war, anschließend eine gemütliche Einkehr mit Kaffee und Torte, viel Gelächter, interessanten Gesprächen, also einen richtig runden Samstag. Stattdessen erzählte eine Bekannte schon kurz nach der Begrüßung, dass sie einen Fersensporn hat und nicht länger als zehn Minuten laufen könne, eine andere wollte unbedingt in den nächstgelegenen Ort, weil da so ein tolles Möbelgeschäft sei, und das mitgefahrene Paar fing kurz nach der Ankunft zwar leise, aber sehr entschlossen einen Streit an, der auch nach Stunden nicht richtig geklärt war. Und natürlich auf die Stimmung drückte. Ich war dann nach einem Bummel durch das Möbelhaus, begleitet von streitlustigem Gemurmel hinter mir, ohne Kaffee und Kuchen, aber so zeitig wieder zu Hause, dass ich noch allein eine Pizza essen gegangen bin. Ohne Streit. Das war ganz schön. Vielleicht sollte man einfach nicht immer so viel erwarten. Dann kann man auch nicht enttäuscht sein. Mit Rotweinglas in der Hand grüßt

Ihre Dora Heldt

Hübsches Kleid

Eine Freundin von mir ist Ärztin und war vor ein paar Wochen auf einem Kongress. Sie ist schon seit Jahrzehnten Ärztin, kannte auch viele Kollegen und war fassungslos, als einer von ihnen sie doch tatsächlich mit »Hübsches Kleid« begrüßte. Nur das, keine Frage, keine andere Begrüßung, kein beruflicher Austausch. Einfach nur: »Hübsches Kleid«. Danach ging er weiter.

Verstehen Sie mich nicht falsch, ich habe gar nichts gegen nett gemeinte Komplimente und reagiere auch nicht empfindlich. Wenn es im privaten Rahmen passiert, wirklich so gemeint ist und nicht die Gefahr besteht, falsch verstanden zu werden, dann kann man auch mal so einen Satz fallenlassen. Im Job allerdings finde ich so etwas schwierig, auch wenn ich nicht allen männlichen Kollegen unterstellen will, dass sie es mit Absicht machen. Nicht allen. Es wäre aber mal spannend, bei bestimmten Kollegen den Spieß umzudrehen und alles so zu kommentieren, wie sie es gern machen. Einfach mal die ausgestreckte Hand eines dieser Kollegen zu ignorieren, ihm stattdessen anerkennend auf die

Schulter zu klopfen und zu sagen: »Hübsches Hemd«. Und dann auch weitergehen.

Meine Freundin Nele, die auch einige dieser bestimmten Kollegen um sich hat, war von der Idee begeistert. Sie hat sie auch sofort umgesetzt, als sie letzte Woche im Büro einem Mitarbeiter gesagt hat, dass sie dem neuen Auszubildenden nie zugetraut hätte, dass der sich so schnell einarbeiten würde. Weil er doch so gut aussieht, mit diesen breiten Schultern, den schönen Augen und dem lasziven Gang. Da wäre es auch nicht so wichtig, dass er so wenig spricht. Der Rest würde ja schon mal stimmen. Der Kollege hat sie nur irritiert angesehen. Daraufhin hat Nele ihn gemustert und gefragt, ob er gerade verliebt wäre, er hätte so eine flotte neue Frisur. Nichts davon war originell, Nele hat nur ein gutes Gedächtnis.

Was soll ich Ihnen sagen? Es hilft tatsächlich. Ob das ein fröhliches »Oh, dieser Anzug macht dich ja zwei Nummern schlanker« ist oder auch eine Meinungsäußerung über einen anderen Kollegen, man erntet immer schwerste Verwunderung. Der Satz »Wenn er ein bisschen abnehmen würde und die Haare nicht immer so im Gesicht hätte, würde er viel besser ankommen« funktioniert genauso wie »Jetzt parkt er ein, das wird doch nichts«. Auch die

Frage: »Kriegen Sie das Projekt denn auch wirklich hin mit Ihren Kindern?«, sorgt bei manchen für erstaunte Blicke, ebenso wie: »Sie sehen aber müde aus, so blass, wollen Sie nicht lieber nach Hause gehen?« Neles unbeliebtester Kollege ist seit ein paar Tagen sehr schweigsam. Nur weil er gehört hat, dass sie laut gesagt hat, dass er für sein Alter doch noch ganz gut aussehe, auch wenn ihm diese alberne Jeans vielleicht ein bisschen zu eng sei. So toll wäre sein Hintern ja auch nicht mehr in Form. Nun ist er beleidigt. Aber vielleicht hat er auch begriffen, wie blöd solche Bemerkungen sind. Und lässt sie in Zukunft bleiben. Das hofft wenigstens

Ihre Dora Heldt

Ein immerwährendes Thema: die Handtasche

Ich gehe seit Jahren sehr gelassen mit Vorurteilen und Klischees über Frauen um. Ich höre mir milde lächelnd alberne Theorien an wie zum Beispiel, dass Frauen zu viel reden, zu viel shoppen, sich zu viele Gedanken um ihre Figur machen, dafür selten ein Händchen für handwerkliche Arbeiten oder auch Geldgeschäfte haben, sich ohne Mann verloren fühlen und am liebsten zu zweit aufs Klo gehen. Bei diesen Sätzen denke ich still, Leute, wir leben im 21. Jahrhundert, was soll das noch, aber ich rege mich eben nicht mehr auf. Wie gesagt, ich reagiere eher gelassen.

Aber neulich habe ich einen Artikel gelesen, übrigens von einer Frau verfasst, über den ich mich dann doch gewundert habe. Sie hat nämlich dafür plädiert, auf Handtaschen zu verzichten, wenn man sich als emanzipiert und freidenkend empfindet. Weil die Last der Handtasche die Schultern nach unten ziehe, keine selbstbewusste Haltung möglich sei und weil frau sich mit dem Tragen dieses Objekts dem Modediktat der Gesellschaft unterwerfe. Man könne schließlich Schlüssel und Geld auch in Jackentaschen verstauen. Ich habe in diesem Artikel auch die schon bekannte Statistik gelesen, dass Frauen 76 Tage ihres Lebens damit verbringen würden, in ihren Handtaschen nach irgendetwas zu suchen, und dass der Inhalt dieser Taschen für Männer ohnehin ein Mysterium darstelle. Na und? Viele Dinge im Leben von Frauen sind für Männer ein Mysterium, das kann ich doch deshalb nicht alles abschaffen. Eine Handtasche hat natürlich einen Sinn, sonst würde niemand sie benutzen.

Bei der Gelegenheit fällt mir ein Paar ein, das früher in meiner Nachbarschaft wohnte. Auf einem Geburtstagsfest wühlte sie eine ganze Weile in ihrer Handtasche, es dauerte immer länger. Zu lang für ihren Mann, der plötzlich genervt nach ihrer Tasche griff und mit dem Satz:»Meine Güte, was suchst du da so ewig?« den gesamten Inhalt auf den Tisch kippte. Damit kippte auch die Stimmung, alle starrten ihn entsetzt an, während sie mit hochrotem Kopf ihr Portemonnaie, die Schlüssel, Tampons, Lippenstifte, Bürste und andere Utensilien wieder einräumte. Bei allen am Tisch sitzenden Frauen war er damit unten durch. Der Inhalt einer Handtasche ist etwas Privates und geht niemanden etwas an. Es gibt ganz unterschiedliche Dinge, die ich auch deshalb mitnehme, weil sie mir Sicherheit geben. Ob das Kalender, Bücher, Handcreme, Kopfschmerztabletten oder Lippenstifte sind, spielt doch keine Rolle. Ich fühle mich besser, wenn ich für alle Eventualitäten des Alltags gerüstet bin. Auch wenn ich mit Pflaster, Augentropfen, Kugelschreiber, Notizblöcken oder einem Flaschenöffner aushelfen soll, kann ich das, ich habe alles Wichtige dabei. Nur, dann will ich nie wieder etwas über große Handtaschen hören, sondern ausschließlich Worte der Dankbarkeit. In diesem Sinne, mit aufrechter Haltung trotz oder gerade wegen der Tasche, grüßt

Ihre Dora Heldt

Immer gut vorbereitet

Ich habe eine blöde Angewohnheit, die mich manchmal unter Druck setzt, hin und wieder zu einer wilden Suchaktion führt, die eigentlich sinnlos ist, die aber, wie ich neulich erleichtert festgestellt habe, anscheinend unter Frauen doch verbreitet ist. Ich kann nicht genau erklären, warum ich das mache, es kommt vielleicht daher, keine Zeit verlieren zu wollen. Es betrifft nicht mein ganzes Leben, es betrifft nur die Situationen, in denen ich Schlüssel, Fahrkarten, Kleingeld oder Parkscheine brauche. Aber in diesen Situationen verliere ich die Lässigkeit. Es ist nämlich so, dass ich bereits beim Einbiegen in meine Straße wie unter Zwang meinen Hausschlüssel hektisch aus der Tasche ziehe und ihn die restlichen 300 Meter in der Hand halte.

Genauso verfahre ich mit Parkscheinen. Sobald ich das Parkhaus ausgeschildert sehe, fummele ich das Ticket aus dem Portemonnaie, was schon dazu geführt hat, dass der Parkautomat das zerknitterte Ticket nicht mehr lesen konnte, wenn ich ihn endlich erreicht hatte. Ich habe schon das passende Kleingeld für die U-Bahn in der Hand, wenn ich das

U-Bahn-Schild gerade so erkennen kann, auf dem Weg dahin ist mir auch schon mal ein Eurostück in den Gully gefallen. Es ist albern und bringt nichts, das weiß ich selbst. Dazu passte auch die irritierte Frage: »Verlierst du gerade die Nerven?«, nur weil ich meinen Bruder hektisch gebeten habe, mir doch schnell mein Geld zu geben, nachdem ich gesehen habe, dass die Kasse des Autozugs nach Sylt nur noch acht Kilometer entfernt ist. Meine Freundin Petra musste ihren Mann bitten, kurz vor der Grenze rechts ranzufahren. Sie hatte das passende Geld für die Maut schon fünf Kilometer lang in der Hand, doch bei einer kleinen Bremsung war ihr der Schein blöderweise unter den Sitz gerutscht.

Dasselbe ist mir mal mit meinem Hausschlüssel im Taxi passiert. Nach dem Einsteigen hatte ich ihn schon parat, und nach zehn Kilometern, kurz vor dem Ziel, war er mir in den Fußraum gefallen. Der Taxifahrer war so nett, den Sitz ganz nach vorn zu schieben, damit ich an ihn rankam. Meine Freundin Andrea hatte ihr bezahltes Ticket während der Ausfahrt aus einem Parkhaus in Italien die ganze Zeit sicherheitshalber in der Hand. Als sie es an der Schranke endlich in den Schlitz stecken wollte, rutschte es aus den Fingern und auf den Boden. Es war eine Schranke, an der die Tickets wieder ausgeworfen wurden. Und ihres lag jetzt auf einem Haufen von etwa zwanzig anderen, bereits entwerteten Tickets. Das zehnte war dann das richtige, das die Schranke öffnete. Die hupende Autoschlange hinter ihr war ziemlich lang und ihr Mann sagte, sie wäre einfach zu hektisch. Deshalb passiere so was.

Und wenn man sich jetzt vorstellt, sie hätte erst an der Schranke angefangen, das Ticket in der Tasche zu suchen …

Mit dem Schlüssel in der Hand auf dem Weg nach Hause grüßt

Ihre Dora Heldt

Alles so schön bunt

Ein ehemaliger Kollege von mir war berüchtigt für seine gewagten Outfits. Völlig hemmungslos trug er rote Pullis zu grünen Hosen, wild gemusterte Hemden, pastellfarbene T-Shirts, schreiend farbige Schals und oft knallbunte Socken. Er war damals Single, ich kann mich erinnern, dass eine Kollegin mir zuflüsterte, dass er in diesen Klamotten wohl niemals eine Freundin fände. Das fand ich fies, er war ja sehr nett und seine Kleidung auch immer gepflegt, gebügelt und bestimmt nicht billig. Er hatte nur einfach keinen Geschmack, das konnten wir ihm aber nicht sagen, das wäre übergriffig gewesen. Also hielten wir uns raus, waren aber jeden Morgen fasziniert von seinen modischen Verwirrungen. Und schlossen auch manchmal gequält die Augen. Auch weil er ständig Probleme mit seinen technischen Geräten hatte und dauernd Hilfe brauchte.

Anfang Dezember wurde dann wie jedes Jahr der Firmenadventskranz aufgehängt, ein riesiges Teil, wunderschön mit roten Kugeln, roten Schleifen und gelben Kerzen verziert. Die Belegschaft stand beeindruckt davor, da beugte mein netter Kollege sich zu mir und sagte leise, in seiner alten Firma hätte man den Kranz auch noch geschmückt. Mit Kugeln und Schleifen, nicht nur vier Kerzen drauf und fertig. Das wäre doch viel schöner. Die Erklärung für diese Sicht war ganz einfach: Der Kollege war farbenblind, er konnte die roten Kugeln und Schleifen in der grünen Tanne überhaupt nicht sehen. Und wir hielten ihn für modisch unterbelichtet. Dabei konnte er nur keine Farben erkennen, weil er alles für grau, dunkel und hell hielt. Für ihn passte alles, was er trug, zusammen. Er hat keine Ahnung, wie bunt die Welt wirklich ist. Das tat mir richtig leid.

Farbenblindheit kommt übrigens fast nur bei Männern vor. Das liegt daran, dass das defekte Gen nur auf dem X-Chromosom liegt, von dem wir Frauen zwei haben. Da haben wir Glück, dass wir alle Farben sehen. Im Gegensatz zu den bedauernswerten Männern, die auf ihrem einzigen X-Chromosom auch noch das defekte Gen haben können.

Seine Probleme hat mein ehemaliger Kollege übrigens inzwischen minimiert. Seit er weiß, dass die Lampe am Drucker grün statt rot leuchten muss, damit er drucken kann, fragt er die anderen, welche Farbe gerade leuchtet. Und seine Freundin hat er bei einem Herrenausstatter kennengelernt, sie ist da Verkäuferin. Und sie kann Farben sehen. Wegen ihres zweiten X-Chromosoms. Darauf kann er sich verlassen und sie berät ihn jeden Morgen, bevor er das Haus verlässt. Deshalb ist er jetzt auch immer sehr gut angezogen. Auch wenn er nach wie vor keine roten Blumen auf grünem Rasen sieht. Der Arme. Mit Dankbarkeit für mein zweites X-Chromosom grüßt

Ihre Dora Heldt

Die schönste Zeit

Jetzt geht sie los, die schönste Zeit des Jahres, das finden auch meine Freundinnen Anna und Nele. Wir alle freuen uns auf diesen letzten Monat des Jahres, allerdings aus ganz unterschiedlichen Gründen. Anna ist der Weihnachtsfan. Sie liebt die Adventssonntage und das Weihnachtsfest, beginnt schon früh mit den Vorbereitungen und lässt nichts aus. Ob Kränze, Lichterketten, Kekse, Blockflöten, Chorgesänge, Lametta, Glühwein, Tannenbaum, Geschenke und Gänsebraten, Anna will alles, damit Weihnachten perfekt abläuft, dafür nimmt sie auch gern die Hektik der Vorweihnachtszeit in Kauf. Nele ist da ganz anders, sie will Weihnachten hinter sich haben, damit sie sich auf Silvester freuen kann. Das ist für sie das schönste Fest des Jahres. Die ganze Welt feiert das neue Jahr, man kann sich in ein kleines Schwarzes werfen und endlich mal wieder tanzen gehen, dabei tolle Leute treffen und die um Mitternacht umarmen, nachdem man die letzten Sekunden des alten Jahres gemeinsam und laut runtergezählt hat. Feuerwerke um Mitternacht machen Nele glücklich, genauso wie Bleigießen und

Champagner trinken. Alles ist laut, fröhlich und erwartungsvoll, keiner geht vor Mitternacht nach Hause und über der ganzen Stadt liegt eine besondere Stimmung, weil alle Anfänge immer einen Zauber haben. Und das neue Jahr fängt bekanntlich gleich nach Silvester an.

Meine liebste Zeit hingegen sind die Tage dazwischen. Diese Zeit zwischen den Jahren. Diese Tage finde ich magisch. Waren die Wochen im Advent noch von Hektik geprägt, weil nicht nur die Vorbereitungen auf Weihnachten erledigt werden müssen, sondern auch der Schreibtisch leer sein sollte, eine Weihnachtsfeier die nächste gejagt hat, die wichtigen Freunde sich vor den Feiertagen unbedingt noch mal sehen wollten und man trotzdem nicht alles geschafft hat, dann kehrt nach dem Fest plötzlich diese Ruhe ein. Was man bis jetzt nicht geschafft hat, lässt man nun bis zum nächsten Jahr auch noch liegen. Alle sind entspannt, alles ist langsamer, man macht noch keine Termine, weil ja noch Silvester kommt. Jetzt hat man Zeit, innezuhalten, ein bisschen über das alte und das neue Jahr nachzudenken, die Weihnachtsgeschenke einzuräumen oder aufzuessen und sich durch die Tage treiben zu lassen. Es ist tatsächlich so eine Zwischenzeit, die es wirklich nur kurz vor Ende des Jahres gibt. Wenn man den Großteil bereits geschafft und das Neue noch nicht angefangen hat. Und diese Verschnauf-pause ist meine schönste Zeit.

Also, egal zu welcher Fraktion Sie gehören, ob Weihnachten, Silvester oder die Zeit dazwischen, ich wünsche Ihnen, dass auch im nächsten Jahr alle Erwartungen mehr als erfüllt werden, damit es schön, gesund und friedlich wird. Das haben wir uns verdient, in diesem Sinne grüßt mit allen guten Wünschen

Ihre Dora Heldt

Friedliche Stille

Vor einigen Tagen habe ich in einem sehr lauten, sehr vollen Einkaufszentrum den Fahrstuhl zur Tiefgarage benutzt. Ich stieg ein, um von ganz oben nach ganz unten zu fahren, es war außer mir nur noch eine andere Frau im Aufzug. Die Tür schloss alle Geräusche aus, wir fuhren langsam nach unten, plötzlich herrschte eine friedliche Stille. Eine Sekunde lang. Dann sagte die Frau sehr laut: »Es ist heute überall so voll, es sind ja wohl alle unterwegs, um einzukaufen. Und dieser Lärm.«

Ich nickte und lächelte, froh, genau dem entkommen zu sein. Die Frau nickte auch. Und fragte laut: »Finden Sie dieses Parkhaus nicht auch zu teuer?« Ich schwieg, was ihr egal war, sie schob noch nach: »Dafür sind die Parkplätze aber schön breit. Ich habe ja neulich hinterm Bahnhof geparkt, ach, das glauben Sie nicht, was mir da passiert ist. Ich habe mich da mit meinem Mann getroffen und ...«

Der Fahrstuhl hielt, ich nickte wieder und stieg aus, den Rest ging ich zu Fuß. In aller Ruhe.

Es ist ein Phänomen, das mir immer häufiger auffällt. Es gibt Menschen, die Stille kaum aushalten.

Eine Bekannte von mir schafft es nicht, Gesprächs-pausen zuzulassen. Manchmal ergibt sich doch auch mal ein Moment, in dem alle schweigen, weil viel-leicht ihr Essen gerade gekommen ist und Auf-merksamkeit braucht, weil man einem Gedanken nachhängt, der gerade besprochen wurde, oder weil man diesen Moment einfach nur genießt. Das ist für meine Bekannte unmöglich. Sie wird sofort nervös und fängt an zu reden. Irgendetwas, das ihr gerade durch den Kopf schießt, egal, was es ist, sie redet, um zu reden. Sie hält Stille einfach nicht aus. Und lässt sie nicht zu. Auch wenn die anderen sie gern hätten. Später bin ich mit ihr im Taxi nach Hause gefahren, wir mussten in dieselbe Richtung. Weil ich wieder nichts sagte, erzählte sie schließ-lich dem Taxifahrer sehr laut und sehr ausführlich, wo wir gerade gewesen waren und was ihr an diesem Restaurant nicht gefallen hatte. Ich glaube kaum, dass ihn das interessierte. Sonst hätte er nicht das Radio angestellt. Das war nämlich vorher aus. Er mochte anscheinend auch Stille beim Autofahren.

Während dieser Fahrt ist mir ein kleiner Junge eingefallen, den ich vor Jahren an einer Straße be-obachtet habe. Er drückte immer wieder auf den Knopf der Fußgängerampel, überquerte aber nie die Straße und schaute sich nur ganz entspannt die wartenden Autos an. Ich habe ihn gefragt, warum er das machte. Seine Antwort war: »Weil ich drücke, müssen sie halten. Und dann ist es für einen Moment ganz still. Das ist schön.«

Ich habe ihn sofort verstanden. Und ich hätte auch gern einen Knopf, den ich nur drücken müsste, damit es ab und zu mal still wird. Einfach ruhig und schön, nur für einen Moment. Ohne Krach und Hektik, ohne all die überflüssigen Informationen. In diesem Sinne, mit leisen Grüßen

Ihre Dora Heldt

Die Schwächen der Frauen

Wussten Sie, dass Frauen zwanzig Mal häufiger über ihre Schwächen als über ihre Stärken sprechen? Das ist das Ergebnis einer Untersuchung, von der ich in einer Zeitung gelesen habe. Und ich war entsetzt. Zwanzig Mal häufiger, das ist doch nicht zu fassen. Müssen wir uns nicht langsam fragen, wie lange das noch so gehen soll? Müssen Frauen denn immer noch in aller Ausführlichkeit jedem mitteilen, was sie alles nicht können, anstatt einfach mal aufzuzählen, was sie in der letzten Woche erfolgreich gemacht haben?

Männer machen das übrigens. Sie reden ungefragt über ihre Erfolge, ob im Job oder privat, die wenigsten würden auf die Idee kommen, im Freundeskreis zu erzählen, dass sie keinen blassen Schimmer haben, wie diese neue Hightech-Anlage oder der supermoderne Induktionsherd funktioniert, weil sie es noch nicht geschafft haben, die umfangreiche Gebrauchsanleitung zu lesen. Frauen erklären sofort, warum sie etwas nicht können, Männer selten. Ich habe noch nie erlebt, dass ein Mann seinen Kollegen gestanden hätte, dass er kein technisches Verständnis, schlechte rechnerische Fähigkeiten oder eine unstrukturierte Arbeitsweise habe oder nicht vor vielen Menschen reden könne, von Frauen habe ich das durchaus öfter gehört. Ich kenne allerdings einige Männer, bei denen das tatsächlich so ist. Sie sagen es aber nicht, weil sie es nicht wichtig finden. Und weil sie nie über ihre Schwächen reden würden. Im Gegensatz zu uns Frauen.

Dabei ist es doch wirklich egal, ob man in der einen oder anderen Sache nicht ganz so perfekt ist, wie man es sein will. Selbst im Tierreich gibt es genügend Beispiele, dass Schwächen gar nicht so wichtig und entscheidend sind, wie wir Frauen immer glauben. Wussten Sie zum Beispiel, dass Robben, die wunderbar in ihrer blauen Wasserwelt leben und dabei sehr souverän wirken, farbenblind sind und ausgerechnet die Farbe Blau nicht erkennen können? Oder dass Geparden, deren größte Stärke ja bekanntlich ihre Schnelligkeit ist, bei ihrer rasanten Jagd so außer Atem kommen, dass sie sich häufig von einer bräsigen Hyäne die Beute klauen lassen? Oder haben Sie mal einen Albatros landen sehen? Er fliegt so wunderschön und fällt beim Landen tollpatschig um, weil er nicht rechtzeitig bremsen kann. Aber alle reden nur von den schnellen Geparden, den königlichen Albatrossen und den eleganten Robben. Ihre Schwächen sieht man nicht. Weil man sie nicht sehen will. Und genauso machen es auch Männer. Die sind in dieser Beziehung nämlich weiter. Und deshalb sollten wir Frauen uns endlich mal an den Geparden, Albatrossen, Robben und Männern ein Beispiel nehmen. Wir machen das, was wir gut können, ab jetzt laut und mit Vergnügen. Und falls uns eine bräsige Hyäne die Beute klaut, Schwamm drüber, das fällt doch den wenigsten auf. In diesem Sinne, mit perfekter Büroorganisation und der Hand auf der Tastatur grüßt

Ihre Dora Heldt

Bulldozer

In letzter Zeit treffe ich immer häufiger auf einen Menschenschlag, den ich kurz »Bulldozer« getauft habe. Der Bulldozer zeichnet sich durch ein sehr forsches Auftreten, raumgreifende Gesten, eine alles übertönende Stimme und schlechtes Benehmen aus. Man trifft ihn eigentlich überall, in Lokalen, in Hotels, in Geschäften und – wenn man ganz viel Pech hat – auch zu Hause. Das ist dann allerdings sehr viel Pech.

Meinen ersten Bulldozer habe ich in diesem Jahr in einem Hotel getroffen. Ich hatte aus beruflichen Gründen ein Zimmer gebucht, er stand bei meinem Eintreffen an der Rezeption. Es war ein männlicher Bulldozer, das ist die überwiegend vorkommende Art, der breitbeinig, beide Arme auf dem Tresen abgestützt, vor der Dame an der Rezeption stand und lang, breit und lautstark irgendetwas reklamierte. Ob ich da stand und warten musste, war ihm völlig egal, ich war unwichtig, deshalb unsichtbar. Ohne dass es ihm peinlich war, benahm er sich wie ein Volltrottel und zog trotzdem mit zufriedenem Gesicht nach zehn Minuten ab. Er hatte die Suite gebucht, also gehörte ihm eigentlich das ganze Hotel. So benahm er sich jedenfalls. Zuerst kam er, dann der Rest der Welt.

Ein paar Tage später war so ein Bulldozer mit mir im Restaurant. Ich war dort mit einer Freundin verabredet, leider konnten wir uns kaum unterhalten, weil der Bulldozer am Nebentisch so laut schwadronierte, dass wir schweigend zuhören mussten, ob wir wollten oder nicht. Wir kamen nicht gegen ihn an. Er war Stammgast, betonte er immer wieder, und deshalb gehörte ihm sozusagen das halbe Restaurant, er konnte sich hier benehmen, wie er wollte. Auch in der Bahn warf sich neulich einer von ihnen in den Sitz neben mich und fing sofort an zu telefonieren. Natürlich lautstark, weil wichtig. Nach zehn Minuten sammelte ich meine Sachen zusammen und zog um. Er schmiss sofort seine Jacke auf meinen freigewordenen Sitz, Ziel erreicht.

Sie werden immer mehr, die Bulldozer. In manchen Ländern sogar schon Präsident. Und ich befürchte jetzt, dass einer von ihnen mein neuer Nachbar geworden ist. Er hat zwar nur eine Wohnung im Haus, aber es ist die größte. Das ist fast so, als würde ihm das ganze Haus gehören. Und weil das so ist, muss er sich auch nicht an irgendwelche dummen Regeln halten, er kann Handwerker arbeiten lassen, wann er will und gern auch abends, er kann seine Sachen im Hausflur stehen lassen, wo sie nicht hingehören, er kann sein Auto abstellen, wo es ihm gerade einfällt, und er kann auch meine Telefonleitung kappen, ohne Bescheid zu sagen. Er muss sich auch für nichts entschuldigen oder sich gar irgendjemandem vorstellen, nein, um Himmels willen, er ist ein Bulldozer, man sieht ihn doch sowieso. So, und was mach ich jetzt? Wie stellt man sich einem Bulldozer in den Weg, ohne von ihm überrollt zu werden? Mit Blumen und Pralinen? Singend? Tanzend? Oder soll ich den breitbeinigen Gang üben? Eine Verteidigung suchend grüßt noch leise

Ihre Dora Heldt

Gebeugte Köpfe

Neulich im Bus habe ich versucht, mich zu erinnern, was die Fahrgäste eigentlich vor zwanzig Jahren während der Fahrt gemacht haben. Damals, als noch nicht alle Köpfe so konzentriert über die Smartphones gebeugt waren. Haben die Menschen alle gelesen, aus dem Fenster geschaut, sich womöglich unterhalten? Es fiel mir nicht mehr ein, mittlerweile habe ich mich wohl daran gewöhnt, dass die meisten um mich herum mehr mit der virtuellen als der realen Welt beschäftigt sind.

Normalerweise ist mir das ja egal, aber in der letzten Woche hatte ich vier Arzttermine und musste viel Zeit in Wartezimmern verbringen. Jetzt ist man in einem Wartezimmer selten tiefenentspannt, entweder hat man Schmerzen, fühlt sich schlecht oder wartet auf eine unangenehme Behandlung. Deshalb schiebe ich es mal auf meine Grundstimmung, dass mich im vierten Wartezimmer eine junge Frau, die permanent mit ihrem Handy beschäftigt war, extrem nervte. Alle paar Sekunden kündigte ein schriller Ton eine eingegangene SMS an, woraufhin sie albern kicherte, mit klackenden Geräuschen sofort antwortete, plötzlich aufsprang und nach draußen rannte, um dort zu telefonieren, wieder reinkam, wieder tippte, wieder rausrannte. Ich habe mich gezwungen, Verständnis zu haben. Vielleicht war sie frisch verliebt, wofür das Kichern und das entrückte Lächeln sprachen, da ist man natürlich aufgeregt und hat für nichts anderes in der Welt mehr Augen. Und wenig Verstand. Aber dann dachte ich, wir sind ja schließlich in einem Wartezimmer und nicht zu Hause, und bat sie, wenigstens ihren nervigen Handyton auszuschalten. Sie sah mich sofort böse an und fragte, ob ich ein Problem hätte. Ich sagte ja, hätte ich, aber bevor ich das ausführen konnte, wurde sie reingerufen. Und ich blieb noch schlechter gelaunt zurück und dachte: du blöde Nuss.

Ich bin danach mit dem Bus zurückgefahren. An der Haltestelle stand auch die blöde Nuss, die mit demselben Bus fahren wollte. Sie hat mich natürlich nicht erkannt, weil sie ja nur Augen für ihr Handy hatte. Sie stieg vor mir ein, zeigte ohne Blickkontakt dem Busfahrer ihre Fahrkarte, setzte sich auf den Platz vor mir, alles, ohne auch nur einmal den Kopf zu heben. Aber an der Haltestelle vor meiner sprang sie plötzlich auf und rannte zur Tür. Und zwar genau in dem Moment, als der Bus sich nach seinem Halt wieder in Bewegung setzte. Sie konnte nicht mehr aussteigen und musste sehr wütend eine Station weiter fahren. Nämlich bis zu meiner Haltestelle. Beim Aussteigen habe ich sie sehr zufrieden angelächelt. Manchmal ist es ja doch hilfreich, sich mit der realen Welt zu beschäftigen. Und so ein kleiner Spaziergang zurück hilft vielleicht beim Denken. Mit eingeschaltetem Flugmodus im Handy grüßt

Ihre Dora Heldt

Eine Frage der Perspektive

Ich liebe ja die ersten Einladungen oder Verabredungen im neuen Jahr, bei denen man die Freunde trifft, für die man in den hektischen Dezemberwochen keine Zeit gefunden hat. Da sitzt man dann bei leichtem Essen, ohne Weihnachtsmusik und bestenfalls vor Tulpensträußen in schlicht dekorierten Zimmern und redet über die Höhepunkte der vergangenen Wochen. Als ich Kind war, zählte man den anderen die Geschenke auf, heute wird eher mitgeteilt, wie froh man ist, dass man den ganzen Trubel wieder mal überstanden hat. Daraus ergibt sich meistens ein Rückblick auf das vergangene Jahr, und hier bin ich beim Thema. Wir saßen nämlich sehr entspannt um einen runden Tisch, und plötzlich sagte eine Freundin laut, dass sie wirklich heilfroh wäre, dass das letzte Jahr vorbei sei. Aber gleichzeitig sagte ihr Freund, genauso laut: »Das war wirklich ein sehr schönes Jahr.« Sie sagten es im Chor. Sie guckte ernst, er ganz beseelt. Wir anderen lachten, die beiden sahen sich ganz erstaunt an.

Natürlich wertet jeder von uns die Ereignisse, die passieren, anders, das ist völlig klar, aber so eine eklatant unterschiedliche Wahrnehmung eines Jahres fand ich bei einem Paar, das diese Zeit mehr oder weniger gemeinsam verbracht hat, doch kurios. Und deshalb habe ich nachgefragt, warum sie denn so froh wäre, es überstanden zu haben. Spontan erzählte sie von ihren Problemen in der Firma, die sich über das Jahr immer mehr aufgetürmt hatten, sodass sie sich im Herbst entschlossen hatte, den Job zu wechseln. Sogar erfolgreich. Aber dann kam der Ärger mit einer Nachbarin dazu, außerdem hatte es in der Familie einige Krankheitsfälle gegeben, und schaltete man die Nachrichten ein, so hörte man nur Katastrophenmeldungen.

Dann fragte ich ihn, was denn das Schöne am letzten Jahr gewesen sei. Ohne nachzudenken, zählte er auf: Der Sommer, diese langen Wochen mit Wärme und Licht, in denen sie oft am Meer oder an Seen zum Baden gewesen waren, seine Freundin hatte diesen tollen neuen Job bekommen, ihr Vater war rechtzeitig zur Weihnachtszeit wieder gesund geworden, sie hätten einen wunderbaren Urlaub hinter sich, sie hatten zwei Hochzeiten erlebt, enge Freunde von ihnen waren überglückliche Großeltern geworden und hatten mit ihrer Freude alle angesteckt, außer läppischen Erkältungen war keinem von ihnen etwas passiert, und da die nervige Nachbarin ausgezogen war, bekamen sie jetzt auch noch nette neue. Während er alles aufzählte, wurde sie ganz nachdenklich. Und sagte selbst, dass sie die Hälfte der schönen Dinge bereits vergessen hatte, weil sie sich immer noch mit den unangenehmen beschäftigte. Das will sie jetzt ändern – und damit auch die Perspektive. Weil kein Jahr nur anstrengend ist. Mit der Hoffnung auf viele schöne Ereignisse grüßt

Ihre Dora Heldt

Perfekt gestylt

Die Frage, ob ich eitel bin, würde ich eigentlich mit Nein beantworten. Natürlich gehe ich regelmäßig zum Friseur, dusche täglich und bemühe mich, einigermaßen passend und modisch gekleidet zu sein. Aber es kann durchaus passieren, dass ich tagelang nur Jeans und Pulli trage, das T-Shirt darunter nicht gebügelt ist und die Haare morgens nur den Fön, aber keine formende Bürste gesehen haben. Für den Alltag, gute Freunde, den Schreibtisch und den benachbarten Supermarkt reicht das. Aber dann gibt es auch Gelegenheiten, wo ich mir selbst Stress mache. Obwohl ich das gar nicht will. Aber ich muss. Neulich war ich bei einer Feier eingeladen, von der ich wusste, dass ich dort jede Menge schöner Menschen, die viel Geld in Kleidung und Kosmetik stecken, treffen werde. Da kann ich mir vorher tausendmal sagen, dass es überhaupt nicht auf Äußerlichkeiten ankommt, dass doch innere Werte zählen, dass ich eben so aussehe, wie ich aussehe, und bereits Mitte fünfzig, aber sehr nett bin, ich verliere trotzdem die Nerven. Irgendwann stehe ich verzweifelt vor dem Kleiderschrank, ziehe mich das zehnte Mal um, leihe mir von Nele die teuren High Heels und lasse mich von einer Kosmetikerin für viel Geld professionell schminken. Damit ich mich nicht falsch fühle. Unter all den scheinbar perfekten Leuten. Und noch während des Abends ärgere ich mich darüber. Dass ich immer noch nicht genug Selbstvertrauen habe, anders als die anderen auszusehen, dass ich auf solche Äußerlichkeiten Wert lege und das Ganze mitmache. Als wenn ich dazugehören wollte.

Beim letzten Mal habe ich mir überlegt, wie viele von diesen perfekten Frauen wohl vor ein paar Stunden genauso verzweifelt vor ihrem Schrank gestanden haben. Ich habe das Nele gefragt, und die hat gemeint, es wären vermutlich einige. Und sie könnte nicht verstehen, dass man sich überhaupt so einen Druck macht. Ich müsste ja nicht im Jogginganzug auf eine Hochzeit gehen, aber dieses Aufbretzeln, nur weil alle das tun, das wäre doch albern. Ich solle mal ein bisschen an meine Stärken glauben und mich nicht immer mit den anderen vergleichen. Außerdem sollte es mir doch völlig egal sein, was irgendeine aufgedonnerte Schnecke über mein Make-up oder mein Outfit denke. Ich sei doch erwachsen und selbstbestimmt.

Sie hat ja recht. In Zukunft ziehe ich mich gut,

aber nicht übertrieben an, schminke mich selbst und schaue mal, was passiert. Nur mit den Schuhen ist es schwierig. Die Gastgeberin morgen war mal mit meinem Ex-Freund zusammen, ist 1,80 Meter groß, ganz dünn und trägt immer hohe Schuhe. Wenn ich in flachen Schuhen hingehe, reiche ich ihr bis zur Brust. Und sie guckt auf mich runter. Das muss ja nicht sein. Auf dem Weg zu Nele, um die High Heels zu leihen, grüßt

Ihre Dora Heldt

Frag mal Mutti

Eine Kollegin, deren Tochter vor einem halben Jahr ausgezogen ist, erzählte neulich, dass ihr Kind am Wochenende im Schnitt zehnmal zu Hause anruft, um blöde Fragen zu stellen. Ob sie die blaue Bluse in die Waschmaschine stecken dürfe, ob man wirklich Öl ins Nudelwasser kippe, womit sie das Fenster putzen solle, damit es keine Schlieren gibt, und wie viel Gramm Reis man für eine Person rechne. Die Kollegin schüttelte resigniert den Kopf und meinte, sie hätte doch ihrer Tochter jahrelang alles erklärt, sie haushalts- und küchentechnisch aufs Leben vorbereitet, es könne doch nicht sein, dass das Kind jetzt bei null anfinge. Und sie ständig anriefe.

An der Diskussion, die sich daraus entwickelte, nahm ich nicht aktiv teil, ich habe ja keine Tochter aufs Leben außerhalb des Elternhauses vorbereitet, da konnte ich nun gar nicht mitreden. Auf der anderen Seite kann ich das Kind sehr gut verstehen. Nicht, weil ich meine Mutter auch am Wochenende mit Fragen bombardieren würde, nein, das ist seit drei Jahrzehnten vorbei, die Blöße gebe ich mir nicht mehr. Aber es ist eine Tatsache, dass meine Mutter Dinge kann, die ich nie hinkriege. Und das verstehe ich nicht. Bis heute. Ich habe auf dem Balkon eine Rose stehen. Sie war teuer, ich habe mich in der Gärtnerei beraten lassen, habe alles so gemacht, wie mir die Gärtnerin erklärt hat, aber zack, nach zwei Monaten und einer Blüte bekam sie irgendeine Rosenkrankheit und ließ alle Blätter hängen. Kurz bevor ich sie entsorgen wollte, kam meine Mutter vorbei. Während sie mir irgendetwas erzählte, schnippelte sie gedankenverloren an der Pflanze rum, goss ein bisschen Wasser drauf und strich über die Blätter. Nach drei Tagen hatte die Rose sich wieder erholt. Frag mal Mutti.

Als sie davor hier war, habe ich Gulasch gekocht. Ich habe immer wieder abgeschmeckt, es war anders, als ich wollte, obwohl ich das Rezept aus dem Familienordner habe. Meine Mutter hob den Topfdeckel, probierte, machte einen Handgriff, und es schmeckte wie bei ihr. Angeblich hat sie nur gesalzen, das kann aber gar nicht sein, das hatte ich auch schon versucht.

Das ist ein Phänomen. Meine Mutter kann Dinge, die ich immer noch nicht hinbekomme. Sie kann Seidenblusen ohne Falten bügeln und Käsekuchen backen, der nicht zusammenfällt. Meine Schwester hat gemeint, dass ich zu bestimmten Dingen, wie Seidenblusen bügeln, einfach keine Lust hätte und es deswegen nicht gut könne. Das mag sein, aber es gibt genügend anderes, was ich immer wieder versuche und dann demütig zusehen muss, wie meine Mutter es macht. Einfach so. Und bei mir geht es nie. Wie die Königsdisziplin: Spannbettlaken falten. Mutti kann es. Glatt und auf Kante. Mich lassen sie verzweifeln. Mit Grüßen an alle allwissenden Mütter grüßt

Ihre Dora Heldt

Stille Männer

Wir sind uns in meinem Freundinnenkreis einig, dass wir alle keine angeberischen Männer mögen. Darüber haben wir neulich ausführlich diskutiert. Wobei es eigentlich keine Diskussion, sondern mehr eine Aufzählung an Beispielen irgendwelcher Machos, Brüllaffen und Bulldozer war, je nach Ausprägung der Eigenschaften. Es ging los mit der Beschwerde einer Freundin, die an ihrem ständig breitbeinig sitzenden und laut redenden Kollegen verzweifelt. Er kann offenbar nicht in Zimmerlautstärke sprechen, sondern er brüllt, sogar das tägliche »Guten Morgen«, wenn er das Büro betritt, damit alle, auch die im entlegensten Zimmer, sofort wissen, dass er da ist. Weil er so wichtig ist.

Fast jede Freundin kannte Beispiele solcher lauten, wichtigen, selbstverliebten Männer, die anderen keinen Raum lassen, alle belehren und vor lauter Begeisterung über sich selbst kaum ruhig sitzen können. Aber es gibt auch den genau entgegengesetzten Typ, es gibt ihn nicht so oft, man bekommt es auch nicht immer mit, aber sie sind da. Männer, die man nicht merkt. Das sind Männer, die ruhig, freundlich, zurückhaltend, höflich, empathisch und eher schüchtern sind. Die nichts ungefragt sagen, kaum über sich sprechen und immer den anderen den Vortritt lassen.

Für andere schön, für sie selbst manchmal schwierig. Sie sind als Kinder schon mal auf einer Klassenfahrt irgendwo stehen gelassen und vergessen worden, sie waren auf Partys und keiner hat es gemerkt, ihre Bestellung im Restaurant wird manchmal vergessen, sie werden als sehr angenehm im Umgang empfunden, fallen aber nie auf. Und das kann für sie auch manchmal blöd sein.

Eine Freundin hat mir einmal einen sehr netten Kollegen vorgestellt, den ich noch nie gesehen hatte. Im Gespräch war ich dann etwas irritiert, weil er sich so verhielt, als würden wir uns kennen. Ich hielt es für eine Verwechslung und sagte es ihm, daraufhin war er irritiert und erwähnte eine Veranstaltung vor einem halben Jahr, zu der ich mit meiner Freundin gefahren war. Auf meine Frage: »Ach, warst du auch da?«, antwortete er mit einer leichten Traurigkeit in der Stimme: »Ich saß im Auto auf der Rückbank.«

Tja, das tat mir leid, aber man bemerkte ihn einfach nicht. Obwohl er ein so netter Mann ist. Also sollten wir uns ab jetzt vielleicht weniger über die

Brüllaffen aufregen und uns stattdessen besser um die stillen Wasser kümmern. Die haben unsere Aufmerksamkeit auf jeden Fall verdient. Mit Grüßen, ganz aufmerksamen, besonders an Rainer und Jürgen,

Ihre Dora Heldt

Für gut

Beim letzten Kaffeetrinken mit Freundinnen haben wir uns darüber lustig gemacht, wie unsere Mütter ihre neuen Besitztümer behandeln. Meine Mutter zum Beispiel hat eine neue Brille bekommen, die ihr ausnehmend gut steht und mit der sie auch noch viel besser sehen kann. Trotzdem trägt sie weiterhin die alte Brille, sie möchte die neue schonen. Die ist nämlich nur »für gut«. Und könnte ja im Garten oder im Haushalt Schaden nehmen.

Diese Argumentation war auch meinen Freundinnen geläufig. Barbaras Mutter kaufte ständig Handtücher, sehr schöne in bester Qualität und hübschen Farben, die sofort in den Schrank kamen. Fürs tägliche Abtrocknen waren die viel zu schade. Genauso wie die Gläser von Carolas Mutter. Die waren teuer gewesen, nicht spülmaschinenfest und sehr filigran. Natürlich kamen die nicht auf den Tisch, sie standen hinter der Glastür des Wohnzimmerschranks in Sicherheit. Uns fielen auch noch die guten Blusen und edlen Nachthemden ein. Die Blusen waren zu empfindlich für Essenseinladungen und das edle Nachthemd war im Zweifelsfall für die

Gelegenheit, dass man mal ins Krankenhaus käme. Darin schlief man doch nicht an normalen Tagen. Dasselbe galt übrigens auch für diverse Unterwäschesets. Wir haben sehr über die alte Angewohnheit des Aufbewahrens gelacht und uns gegenseitig bestätigt, dass wir da ja ganz anders sind und nur Dinge besitzen, die wir auch benutzen.

Während die Freundinnen schon beim nächsten Thema waren, fiel mir plötzlich ein, dass ich die neue Handtasche, die ich mir im letzten Herbst nach langem Überlegen gekauft habe, erst ein einziges Mal getragen habe. An einem windstillen Schönwettertag, weil ich Angst hatte, dass Regentropfen oder heranwehender Straßenschmutz das Leder ruinieren könnten. Und wenn das passiert wäre, dann wäre das Neue an der Tasche zerstört. Dasselbe gilt auch für das Kleid, das ich mir für die Geburtstagsfeier einer Freundin gekauft habe. Die Feier ist zwar erst im Sommer, das Kleid habe ich aber zufällig schon vor mehreren Monaten in einer Boutique entdeckt. Es hängt seitdem im Schrank, übrigens immer noch mit Preisschild, weil es ja für die Feier gedacht ist. Natürlich hätte ich es auch schon vorher anziehen können, aber das wollte ich nicht. Es muss auf der Geburtstagsfeier noch neu sein, deswegen bleibt es im Schrank: für gut.

Aber Handtücher, Brillen und Gläser, die benutze ich wirklich immer sofort und jeden Tag, das können Sie mir glauben. Nur bei der Tasche und diesem Kleid … Auf der Suche nach den Dingen, die ich sonst noch geschont habe, grüßt

Ihre Dora Heldt

Wie oft denn noch?

Wir kennen diese Weisheit alle: Ein Kind fasst nur einmal auf eine heiße Herdplatte, dann weiß es, dass es wehtut, und macht es nie wieder. Das sollte sich im Leben doch eigentlich so fortsetzen. Man begeht einen Fehler, der entweder schmerzt, Geld oder Zeit kostet, man ärgert sich und ist für alle Zeiten kuriert. Denkt man. Ist aber nicht so. Es gibt so viele Ärgernisse, die einem passieren, und das Schlimme ist, dass sie einem immer wieder passieren und man sich deshalb immer mehr darüber aufregt und sich jedes Mal fragt: Wie oft denn noch? Ein beliebtes Beispiel ist das Mitwaschen von Tempotaschentüchern bei dunkler Wäsche. Jeder weiß, was für eine Sauerei das ist, jeder hat schon mal anschließend eine halbe Stunde das Bad gewischt, stundenlang die weißen Krümel von der Wäsche gepult, sich vorgenommen, in Zukunft in alle, wirklich alle Hosentaschen zu fassen, und zack, bei der nächsten Wäsche springt wieder ein zerfetztes Tempo aus der Trommel. Und man ist fassungslos, weil man nichts gelernt hat.

Ich besitze übrigens zehn Haarbürsten, die ich

gar nicht brauche. Weil ich vor jeder Reise die Bürste zum Schluss einpacken will und das jedes Mal vergesse. Deshalb kaufe ich am Reiseziel als Erstes eine Bürste. Die ich, wie gesagt, zu Hause nicht mehr brauche. Ich lerne es nicht. Genauso wenig wie die Tatsache, dass man einen Einkaufszettel, den man schreibt, auch mitnehmen muss. Ich bin das vierte Mal losgegangen, um Spülmaschinentabs zu kaufen, die auch dick und fett auf dem Zettel standen, der zu Hause lag. Viermal. Jetzt habe ich mir einen von meiner Nachbarin geliehen. Aber morgen nehme ich den Zettel mit. Hoffentlich. Ich muss das doch endlich mal begreifen.

Mein einziger Trost ist, dass ich mit diesem Problem der Lernschwäche nicht allein bin. Meine Freundin Anne zum Beispiel ist letzte Woche dreimal zurück in ihre Wohnung gelaufen, nachdem ihr im Auto einfiel, dass ihr Handy noch oben am Ladekabel hing. Dreimal. Und sie wohnt im fünften Stock ohne Fahrstuhl. Zwei von diesen drei Malen war das Handy aber nicht am Kabel, sondern bereits in ihrer Handtasche und der Aufstieg umsonst. Sehr ärgerlich. Genauso wie das Bußgeld wegen überhöhter Geschwindigkeit, das sie gestern Morgen bezahlt hat. Anne ist an einer Straße, die sie relativ oft befährt, von einer fest installierten Radarfalle geblitzt worden. Das war blöd genug. Noch blöder war nur, dass sie genau zwei Stunden, nachdem sie diese Überweisung abgeschickt hat, in dieselbe Radarfalle gerauscht ist. Mit exakt derselben überhöhten Geschwindigkeit. Wann speichert unser Hirn denn mal diese Dinge ab? Es kann doch nicht so schwer sein.

Auf der Suche nach meinem Einkaufszettel und mit Grüßen, auch von Anne,

Ihre Dora Heldt

Ausweichmanöver

An der rechten Schulter habe ich einen großen blauen Fleck. Hätten wir jetzt Sommer, könnte ich keine ärmellosen Kleider tragen. Weil jeder erschrocken fragen würde, was mir da denn passiert sei. Ich könnte einfach sagen, es sei ein schlimmer Sportunfall gewesen, aber die Wahrheit ist, mich hat ein Mann in der Fußgängerzone umgerannt. Das heißt, er hat mich nicht richtig umgerannt, er hat mich mehr gerammt. Und zwar nicht aus Versehen oder auf der Flucht oder durch Fremdeinwirkung, nein, er wollte mir einfach nicht ausweichen. Und ich habe ihn zu spät gesehen. Er ist natürlich einfach weitergegangen, ich glaube, er hat auch noch irgendwas wie »Pass doch auf« gemurmelt, ich habe es nicht verstanden, ich war zu sauer.

Das ist nämlich kein Einzelfall, darauf habe ich jetzt mal geachtet. Und langsam bin ich es leid, dass ich immer diejenige bin, die Ausweichmanöver macht, um Zusammenstöße zu vermeiden. Ob in Einkaufsstraßen, an Bahnhöfen oder auf Flughäfen, Männer weichen so gut wie nie aus. Natürlich gibt es auch Frauen, die die Entgegenkommenden nicht sehen, weil sie gerade mit ihrem Handy beschäftigt sind. Oder Männer, die eigentlich sanftmütig sind, aber gerade in Gedanken versunken. Das kommt vor. Ich rede hier von den Männern, die nicht ausweichen wollen. Oder können. Man weiß es ja nicht so genau. Ich rufe an dieser Stelle keinesfalls zur Gewalt im Fußgängerverkehr auf, so weit würde ich nie gehen. Aber ich habe den Satz meiner Mutter im Ohr, den sie immer sagte, wenn ich heulend nach Hause kam, weil mich irgendein Mitschüler drangsaliert hatte: »Heul nicht, wehr dich.«

Ich habe es gestern mal in der Innenstadt ausprobiert. Wichtig dabei ist ein entschlossener Gesichtsausdruck. Und eine gute Körperspannung. Hilfreich ist auch eine schwere Handtasche, um die Hüfte zu schützen. So vorbereitet bleibt man einfach nur auf seiner Spur. Und geht geradeaus weiter in die Richtung, in die man eben gehen will. Auf dem direkten Weg. Der erste Mann hat nicht mit meiner Körperspannung gerechnet, der zweite nicht mit dem Gewicht meiner Handtasche. Deshalb war es für sie schmerzhafter als für mich. Was das Problem nur leider nicht löst. Sie weichen nicht aus. Und ich weiß nicht warum. Ob sie denken, dass man sie für Waschlappen hält, wenn sie es tun? Oder glauben sie, dass sie stürzen, wenn sie die Richtung ändern? Ich kann es mir nicht erklären. Angesichts dieses Verhaltens passt vielleicht ein anderer Satz meiner Mutter besser: »Der Klügere gibt nach.« Dann hat man zwar weniger blaue Flecken, fühlt sich aber trotzdem drangsaliert.

Also: Für alle Männer, die das jetzt lesen, ich weiß noch nicht, an welchen Satz ich mich heute halte. Das überlege ich mir, wenn Sie mir entgegenkommen. Deshalb: Vorsicht. Mit entschlossenen Grüßen

Ihre Dora Heldt

Frühlingsgefühle

Jetzt geht es bald wieder los, die Zeit der Anfänge, der Aufbrüche, der Liebeshormone, der Frühlingsgefühle. In meinem Kopf höre ich die Comedian Harmonists »Veronika, der Lenz ist da, die Mädchen singen tralala«, auf den Straßen sieht man endlich wieder Menschen ohne Mützen und mit leichter Kleidung, die Sonne scheint, vor den Blumenläden stehen Eimer mit Tulpen und alle Singles warten darauf, dass schon sehr bald etwas passiert. Weil doch nun die Hormone verrücktspielen. Deshalb melden die Single-Plattformen auch im Schnitt 15% mehr Registrierungen und Erstnachrichten, wer jetzt nicht will, der hat keine Frühlingshormone oder bereits einen Partner.

Umso verblüffter war ich, als ich einen Artikel gelesen habe, in dem ein Wissenschaftler ausgeführt hat, dass es in unseren Breitengraden überhaupt keine messbaren Hormonveränderungen gibt, die unsere Frühlingsgefühle erklären können. Natürlich sinkt der Melatoninspiegel, der uns müde macht, weil Melatonin nachts und bei Dunkelheit produziert wird, dafür haben wir mehr Serotonin, weil dieses Glückshormon Licht braucht. Also sind wir zwar weniger müde und haben mehr Tatendrang, das hat nur nicht viel mit Liebeshormonen zu tun. Bei Männern steigt zwar der Testosteronspiegel im Frühjahr an, bei Frauen hingegen stellt man überhaupt keinen jahreszeitlichen Hormon-Rhythmus fest. Außerdem gibt es in unserer Gegend auch im Winter Licht und Sonne, was zur Folge hat, dass der Unterschied für uns im Zeitalter der warmen Wohnungen und hellen Lampen gar nicht mehr so gravierend ist. Ein Inuit könnte hingegen durchaus Frühlingsgefühle haben, bei uns sind die nur gefühlt. Das hat mich völlig verblüfft.

Und an dieser Stelle bin ich mir nicht mehr sicher, ob wirklich alle wissenschaftlichen Untersuchungen mit der nötigen Gründlichkeit betrieben werden. Ich habe zwar noch nie einen frühlingsgefühligen Inuit kennengelernt, ich kann mir aber nicht vorstellen, dass der sich mehr über diese Jahreszeit freut als wir. Und das bilden wir uns doch nicht ein. Zwei meiner Freundinnen haben sich letztes Jahr während der Ostertage verliebt, inmitten von Narzissen, kleinen Hasen und blauem Himmel. Beide Männer sind, unter uns, nicht so toll, als dass ich glaube, es hätte auch im Oktober passieren können, nein, das muss was mit der Frühlingsluft zu tun haben. Und das Glück beim Anblick von Tulpen in Eimern, die Freude beim ersten Cappuccino im Straßencafé und das Gefühl, das man hat, wenn man das Gesicht in die Frühlingssonne hält, das ist doch echt. Genauso wie die zahlreichen Liebespaare, die plötzlich um mich herum auftauchen und sich glücklich ansehen. Das sind eindeutig Frühlingsgefühle, egal was die Wissenschaft sagt. Und warum sollten die Mädchen auch sonst »tralala« singen? Das macht doch überhaupt keinen Sinn. In diesem Sinne, mit großer Vorfreude auf den Frühling, grüßt

Ihre Dora Heldt

Mut zur Lücke

Im Moment habe ich ein Zahnproblem. Und zwar eines, über das ich reden muss. Bevor es sowieso alle merken. Ich hatte eine Kieferentzündung, sie war schmerzhaft und fies, ich erspare Ihnen hier die Einzelheiten. Nur so viel: Sie war so fies, dass mir jetzt oben, sowohl rechts als auch links, jeweils zwei Zähne fehlen. Vier insgesamt. Natürlich kommen da durch Zahnarztzauberhände irgendwann wieder neue rein, die Betonung liegt aber auf irgendwann. In den nächsten Wochen und Monaten muss das ausheilen. Ich gebe zu, dass ich eine hysterische Patientin bin, auch wenn meine Zahnärztin und meine Kieferchirurgin überaus reizend und sehr souverän sind. Beide haben gesagt, dass sich alles schlimmer anhöre, als es sei, und darüber hinaus gebe es eine Interimsprothese, die ich in den nächsten Monaten tragen würde. Kein Mensch würde diese Zahnlücken sehen. Ich bräuchte mir also überhaupt keine Sorgen über mein Lächeln zu machen.

Ich habe ihnen so lange geglaubt, bis ich dieses Wunderwerk der Zahntechnik das erste Mal im Mund hatte. Nach drei Sekunden musste ich würgen. Wie gesagt, ich reagiere hysterisch. Trotzdem habe ich mich gezwungen, dem Rat der Zahnärztin zu folgen und mich durch regelmäßiges Tragen an dieses Ding zu gewöhnen. Jeden Tag ein paar Minuten länger.

Gestern wollte ich damit sogar aus dem Haus gehen. Ich habe es zumindest versucht. Nur kam der Würgereiz zurück – beim Betreten eines ziemlich vollen Blumenladens. Während ich in der Warteschlange dagegen ankämpfte, hatte ich plötzlich Bilder im Kopf: Das herausgewürgte »Tulpen, bitte!«, die Verselbstständigung der Interimsprothese und die anschließende gemeinsame Suche nach derselben zwischen all den schönen Blumen. In einem Anflug von Panik rannte ich sofort raus. Und stand Sekunden später, mit hochgezogener Kapuze, versteckt in einem Hauseingang, um hoffentlich unbeobachtet mit beiden Händen diese Interimsprothese aus meinem Mund zu pulen und sie erleichtert in der Handtasche verschwinden zu lassen. Es war würdelos. Und das nur, damit niemand sieht, dass ich gerade Zahnlücken habe. Als wenn das irgendjemanden wirklich interessiert.

Deshalb habe ich beschlossen, die ganze Sache locker zu sehen. Falls ich mich in den nächsten Wochen wirklich nicht an dieses Teil gewöhne, gehe ich ohne. Und falls Sie sich fragen, was ich da oben beim Lachen habe, nun, es sind Lücken. Das gehört so. An diesem Selbstvertrauen muss ich arbeiten. Um den Rest kümmern sich meine zauberhaften Zahnärztinnen. Drücken Sie uns die Daumen, mit etwas zurückhaltendem Lächeln grüßt

Ihre Dora Heldt

Gefühl von Freiheit

Als ich 15 war, hatte ich einen großen Wunsch, der nie erfüllt wurde. Ich hätte so gern ein Mofa gehabt. Meine Mutter war dagegen, weil sie Angst hatte, dass mich so ein Höllengerät von der Straße katapultieren könnte, mein Vater fand es zu teuer und sah überhaupt keinen Grund, dass seine Tochter anders als mit dem Fahrrad zur Schule und zum Sport kommen sollte.

Dabei ging es um etwas ganz anderes. Es ging nicht nur um das motorisierte Fahrrad mit Zweitaktmotor, zwei Gängen und einer Höchstgeschwindigkeit von 25 Stundenkilometern, nein, der wahre Grund war das Gefühl. Es war die Freiheit. Und das Abenteuer. Oder das, was man sich damals darunter vorstellte.

Der Erste in meiner Klasse, der so ein Mofa hatte, war Maick. Er war hübsch, aber relativ klein. Das erste Mofa verlieh ihm Größe. Plötzlich war er der Held, der Coolste, der Wildeste. Die Hälfte der Klasse war schlagartig in ihn verliebt, die andere Hälfte neidisch. Es war die Art, wie er abstieg, der Blick, mit dem er die Umstehenden betrachtete, die lässige Haltung beim Wegfahren. Er war der Star auf dem Schulhof. Das erste Mädchen, das eins bekam, war Maren. Die Streber und Neider der Klasse rümpften die Nasen und sahen den Untergang schon kommen. Maren hatte lange Haare, sie hatte die Klasse wiederholt, und sie hatte schon mal geraucht. Und jetzt noch das Mofa. Sie fuhr mit knatterndem Motor und wehenden Haaren durch die Stadt und alle starrten ihr nach. Maick und Maren. Zwischen ihnen und mir lagen Welten und ich hätte sonst was dafür gegeben, auch so wild und unabhängig zu sein. Dabei war es doch nur ein motorisiertes Fahrrad mit Zweitaktmotor, zwei Gängen und einer Höchstgeschwindigkeit von 25 Stundenkilometern. Aber das war unsere Vorstellung vom wilden Leben. Es war damals alles so viel einfacher. Sie waren die mutigen Wilden und wir fuhren mit dem Rad zur Schule.

Vor ein paar Tagen habe ich gelesen, dass der letzte Hersteller von Mofas die Produktion einstellt. Es ist aus. Es werden keine Mofas mehr gebaut. Maick und Maren sind eine Erinnerung, der Anblick von wehendem Haar, das in die Freiheit entschwindet, nur noch in meinem Kopf. Ich habe übrigens nie ein Mofa besessen. Ich bin all die Jahre mit dem Fahrrad gefahren. Ganz unauffällig. Irgendwie schade.

Übrigens habe ich von einer Schulfreundin gehört, dass Maren heute bei einer Versicherung arbeitet. Trotz Mofa und grenzenloser Freiheit in der Jugend. Und Maick ist heute Schönheitschirurg. Mit Porsche. Er war eben immer schon ein bisschen cooler. Mit sentimentalen Gedanken an eine Kreidler, die mich vielleicht damals ein bisschen wild gemacht hätte, grüßt

Ihre Dora Heldt

Schönen Sonntag!

Haben Sie mal versucht, sich an einem Sonntagabend mit Familie oder Freunden zu verabreden? Falls Sie das ausprobieren wollen, dann lassen Sie es besser, es wird nämlich meistens abgelehnt. Die Gründe sind immer die gleichen, man müsse Montag so früh raus, man hätte gerade den Pizzadienst angerufen oder der ›Tatort‹ solle gerade heute sensationell sein. Und im Übrigen wäre ja noch Wochenende, in der Woche seien Verabredungen einfacher. Das Seltsame ist nur, dass diese Ausreden von allen kommen, Frauen, Männern, Singles, Paaren oder Eltern. Und es spielt auch keine Rolle, dass gar nicht jeder tatsächlich montags früh rausmuss. Es ist nur ein Gefühl. Sonntage verbringt man zu Hause und auf dem Sofa. Mit oder ohne Familie, das ist offenbar so gelernt.

An keinem Tag der Woche machen die Essenskuriere so viel Umsatz wie am Sonntag und an keinem Tag der Woche wird so viel ferngesehen. Das wäre ja alles in Ordnung, wenn die Menschen es genießen würden. Aber es ist oft das Gegenteil, die meisten sind in Wirklichkeit latent schlecht gelaunt. Sie haben so eine Art Sonntagsblues, weil das Wochenende schon wieder vorbei ist, weil man so wenig geschafft und gemacht hat, weil man den ganzen Tag allein war oder weil der Partner oder die Familie zu viel genervt hat, weil am nächsten Tag der Alltag wieder beginnt und man so gar keine Lust hat. Trotzdem kommen die wenigsten auf die Idee, am Abend noch etwas zu unternehmen, es ist ja Sonntagabend, das ist zu spät.

An normalen Wochentagen endet der Tag selten vor 18 Uhr, anschließend geht man noch vom Büro nach Hause, zieht sich kurz um und ab 19 Uhr ist man verabredet. Obwohl man am nächsten Tag auch früh aufstehen muss, obwohl jeden Abend etwas im Fernsehen oder in der Mediathek kommt und auch die Essenskuriere jeden Tag liefern. Das ist aber was ganz anderes. Da kann man ausgehen, nur nicht sonntags. Dabei sind die Straßen an diesem Abend alle frei, die Restaurants und Kneipen halb leer, die wenigen Leute, die dort sitzen, ausgeschlafen und entspannt, warum also gehen wir Sonntagabend so ungern weg? Weil, sagt die Forschung, es inzwischen eine Unfähigkeit gibt, mit arbeitsfreier Zeit umzugehen, wobei aber gleichzeitig der Druck und die Angst vor der neuen Woche steigt.

Aber statt sich mit schönen Dingen zu beschäftigen, verkriecht man sich in sinnloses Nichtstun, glaubt, sich ausruhen zu müssen, und hat dadurch jede Menge Zeit zum Grübeln und zum Schlechte-Laune-Bekommen. Und der Montag kommt trotzdem. Deshalb das Rezept gegen den Sonntagsblues: Runter vom Sofa und raus aus dem Jogginganzug. Es ist ein ganz normaler Abend. Wir können was draus machen. Eine schöne Woche wünscht

Ihre Dora Heldt

Immer erreichbar

Eine Bekannte von mir ist neulich zu einem Abendessen mit mehreren Freunden fast eine Stunde zu spät gekommen. Der Grund dafür war weder Stau noch plötzlich aufkommende Übelkeit, ein Wasserrohrbruch oder Ähnliches, nein, sie ist zu spät gekommen, weil sie nach zehn Kilometern Autofahrt bemerkt hat, dass sie ihr Handy zu Hause vergessen hatte. Und sie ist umgekehrt, um es zu holen. Jetzt habe ich mich gefragt, wozu sie bei einem Abendessen so dringend ihr Handy gebraucht hätte, dass sie sich diesen Stress angetan hat. Sie hat weder kleine Kinder, die den Babysitter terrorisieren könnten, der dann einen Hilfeschrei abgeben müsste, noch kranke Eltern, Haustiere oder Bereitschaftsdienst. Sie hat nur das Gefühl, permanent erreichbar sein zu müssen, für wen auch immer. Und damit steht sie nicht allein.

Früher war das entspannter. Meine Eltern haben manchmal an den Wochenenden mit meinen Großeltern telefoniert. Sie riefen nach der Mittagsstunde um 15 Uhr an, ließen das Telefon fünfmal klingeln und legten auf, wenn sich niemand meldete. Und sagten, es wäre niemand da, dann würden sie es eben nächstes Wochenende versuchen. Und so wurde es gemacht. Völlig entspannt. Es gab keine hektische Besorgnis, wenn jemand nicht erreichbar war, es wurde einfach davon ausgegangen, dass derjenige gerade etwas Besseres zu tun hatte, als zu telefonieren.

Auch die Bekannte von mir hatte eigentlich etwas Besseres zu tun, sie war ja mit uns zum Essen verabredet. Und trotzdem beantwortete sie währenddessen mehrere SMS und ging auch einmal raus, um einer Freundin zu erzählen, dass sie jetzt nicht lange telefonieren könne, weil sie mit anderen Freunden in einem Restaurant sei. Sie schickte aber als Trost anschließend ein paar Fotos von ihrem Teller. Und alle, die sich bei ihr gemeldet hatten, wussten, dass sie gerade nichts Besseres zu tun hatte. Das ist doch irgendwie falsch.

Am nächsten Vormittag stand ich an der offenen Balkontür und hörte das Handyklingeln meines Nachbarn. Der ging auch sofort ran und sagte nach kurzer Begrüßung: »Du, schick mir doch die ganzen Daten per Mail, ich kann jetzt nichts aufschreiben, ich bin gerade auf Sylt am Strand. Danke und bis bald.«

War er nicht, ich war Zeugin, er schwindelte auf

seiner Terrasse, aber in dem Moment habe ich beschlossen, nicht mehr ständig erreichbar zu sein. Also, falls Sie was von mir wollen: In der Mittagsstunde und nach 20 Uhr ist mein Gerät jetzt aus. Sie können es dann einfach am nächsten Tag versuchen. Oder mir auf die Mailbox sprechen. Wenn ich nichts Besseres zu tun habe, rufe ich entspannt zurück. Mit Grüßen, und zwar gleich offline,

Ihre Dora Heldt

Unter Hunden

Als mein Bruder sechs oder sieben Jahre alt war, wurde er in den Sylter Dünen von einem Hund verfolgt. Er kam panisch an den Strand gerannt und heulte fast vor Angst, bis mein Vater sich todesmutig dazwischenwarf. Das Komische an dieser Geschichte war, dass es sich bei diesem mutmaßlichen Höllenhund um einen sehr freundlichen Cockerspaniel handelte, der natürlich nur spielen wollte. Das Blöde war, dass mein Bruder tatsächlich Angst vor Hunden hatte und deshalb diese Verfolgung überhaupt nicht komisch fand.

Ich muss ihn mal bei Gelegenheit fragen, ob er eigentlich seine Angst vor Hunden mittlerweile besiegt hat. Wenn das nicht der Fall ist, muss ich mir Sorgen um ihn machen, weil er eigentlich das Haus nicht mehr furchtlos verlassen kann. Wir wohnen beide mitten in der Stadt. Und so wie in unserer Stadt steigt seit geraumer Zeit in allen Städten die Anzahl der dort lebenden Hunde. Ich brauche für den Weg zum nächsten Supermarkt genau sieben Minuten. Während dieser sieben Minuten habe ich heute Morgen elf Hunde getroffen. Samt

Besitzer natürlich, wir sind ja in der Stadt. Zwei mit Leine, die anderen ohne, sie sind alle gut erzogen. Kein Cockerspaniel dabei. Also keine Gefahr. War ein Witz!

Ich habe aber auch keine Angst vor Hunden. Obwohl es schon sehr auffällig ist, wer alles mittlerweile einen Hund besitzt. Ich habe neulich gelesen, dass die Deutschen 1,35 Milliarden Euro im Jahr für Hundefutter ausgeben. Bedauerlicherweise weisen Tierärzte inzwischen darauf hin, dass jeder zweite Hund zu dick ist. Was vermutlich auch daran liegt, dass in den großen Städten die Anzahl der Flächen, auf denen Hunde frei laufen können, nicht ausreichen. Weil es ja auch immer mehr Tiere werden. Und Menschen sowieso. Das ist natürlich schlecht. Wer viel frisst, muss auch viel laufen. Und das ist an vierspurigen Straßen nicht optimal. Die Tierärztekammer hat übrigens auch festgestellt, dass die wachsende Zahl der Singlehaushalte in Städten mit der wachsenden Zahl der gemeldeten Hunde zusammenhängt. Tja, andererseits geben viele Eltern an, den Hund angeschafft zu haben, damit ihre Kinder soziale Kompetenz lernen. Für Letzteres gäbe es vielleicht auch andere Möglichkeiten.

Wie auch immer, ich finde das momentane Hundehalter-Bashing, das ich in meiner Umgebung feststellen muss, nicht in Ordnung. Hundebesitzer sollen schließlich gesünder und ausgeglichener als hundelose Menschen sein. Was ja gut ist. Aber vielleicht kann man einfach auch mal an die Hunde denken. Und die Mitmenschen mit Hundeangst. Und an Wildlederschuhe. Und die kommende Flip-flop-Zeit. Auch wenn natürlich alle Hundebesitzer alle Hinterlassenschaften beseitigen. Nur mal dran denken. Bitte. Mit Grüßen, auch von meinem Bruder,

Ihre Dora Heldt

So schön deutsch

Der Sohn einer Freundin ist von seinem Auslands-
jahr zurückgekommen. Jetzt spricht er perfekt Englisch, ist etwas dicker, dafür aber sehr selbstbewusst
geworden, wirkt sehr cool und hat viel gelernt. Bei
meinem Besuch hat er ganz begeistert von seinen
Erlebnissen berichtet, wie toll und bunt und aben-
teuerreich alles gewesen sei. Und wie lässig und un-
kompliziert seine Gastfamilie und neuen Freunde
gewesen wären, ganz anders, wirklich ganz anders
als hier zu Hause. Er will sich jetzt alles abgewöhnen,
was typisch deutsch ist und sogar im Ausland belä-
chelt wird. Auf meine neugierige Frage, was genau
er denn damit meine, holte er tief Luft und zählte
alles Mögliche auf: Die Deutschen warten auch
nachts an einer menschenleeren Straße auf eine
grüne Ampel, eine Überquerung bei Rot kommt
nicht in Betracht. Wir haben Angst vor einem Fahr-
kartenkontrolleur, auch wenn wir eine Fahrkarte
haben. Wir bezahlen unser Essen im Restaurant getrennt, einige lassen es sogar auf den Cent ausrech-
nen. Wir sind mindestens zwei Stunden vor dem
Boarding an Flughäfen und eine Stunde vor Abfahrt

des Zuges am Bahnhof, dafür sind wir aber gegen ein Tempolimit auf der Autobahn. Wir reservieren immer Plätze im Zug und sogar die Liegen am Strand im Urlaub. Auf unseren Schildern werden Dinge nicht nur verboten, sondern strengstens untersagt. Wir ermahnen Radfahrer, die nicht klingeln, und regen uns über laute Kinder in der Bahn auf. Handwerken oder Staubsaugen am Sonntag oder in der Mittagspause verursacht ein schlechtes Gewissen, dafür werden Müll getrennt und Flaschen zum Pfandautomaten gebracht. Alles ist streng geregelt, alles hat eine Bedeutung.

An dieser Stelle musste er erst mal Luft holen, dann sah er uns an, bevor er verkündete, dass er ab sofort die internationale Lässigkeit übernehmen würde, und ging in sein Zimmer. Ich sah ihm nach, als mir noch eine typisch deutsche Erfindung einfiel: der Warentrenner. Sie wissen schon, dieses Teil, das man aufs Kassenband legt, damit die Kassiererin nicht aus Versehen etwas eintippt, was wir gar nicht kaufen wollten. Es wäre ja eine Katastrophe. Und deshalb legen wir schnell diesen kleinen Balken hin und ziehen eine klare Grenze. Besser ist das, albern aber auch.

Vor einiger Zeit war ein junges Paar an der Supermarktkasse vor mir. Die junge Frau war keine Deutsche und packte den Warentrenner wie selbstverständlich ein. Sie dachte, ihr Freund hätte diesen Gegenstand gekauft, auch wenn sie nicht wusste, was das war. Beim Einladen ins Auto haben sie es gemerkt und das Teil wieder zurückgebracht. Man kann es ja auch nicht gebrauchen.

Der Sohn meiner Freundin ist jetzt jedenfalls lässig. Er benutzt keine Warentrenner und geht manchmal auch bei Rot über die Ampel. Natürlich nur, wenn keine kleinen Kinder neben ihm stehen. Vielleicht würde uns allen ein bisschen internationale Lässigkeit nicht schaden. Ich habe zumindest schon mal letzten Sonntag staubgesaugt. Ganz kurz und fast ohne schlechtes Gewissen. Mit lässigen Grüßen

Ihre Dora Heldt

Wer zuletzt lacht

Vor einiger Zeit bin ich über ein Zitat aus einem Benimmbuch der Fünfzigerjahre gestolpert: »Die Dame hält sich bei Tisch mit der Darbietung von Scherzen zurück.« Das fand ich bemerkenswert. Sollte sie das lassen, damit die Männer, die mit ihr an diesem Tisch saßen, in Ruhe einen Witz nach dem anderen raushauen konnten, oder musste sie sich während des Essens darauf konzentrieren, dass die Kartoffeln nicht ausgingen oder das Fleisch nachgelegt wurde? Ich war noch gar nicht ans Ende meiner Gedanken gekommen, als ich im nächsten Artikel erfuhr, dass es in Deutschland kaum lustige Frauen gäbe. Aha, dachte ich, nach dem oberen Zitat eigentlich kein Wunder, obwohl doch inzwischen viel Zeit verstrichen ist.

Trotzdem wurde hier behauptet, dass Frauen zwar häufiger lachten, aber selten selbst gute Witze machten. Das sei, nach Meinung des Verfassers, bereits in der Kindheit begründet. Jungs machten ständig Faxen und die Mädchen lachten darüber. So war und so ist es. Und im Übrigen wollten Frauen auch heute noch eher gefällig und romantisch wirken, deshalb wären sie gar nicht in der Lage, auf burschikose Art spontane Witze zu machen und anschließend auch noch laut darüber zu lachen. Zumal man für gute Scherze auch eine gewisse Schlagfertigkeit und ein blitzschnelles Gehirn bräuchte. Das würde gar nicht zur Gefälligkeit und Romantik passen. Das glaubte der Verfasser dieses Artikels, dessen Alter ich übrigens nicht kenne.

Was für ein Unsinn. Ich glaube, dass unser Freund ohne Großmütter, Tanten und Nachbarinnen aufgewachsen ist, vielleicht nur mehrere Brüder und wenige Freundinnen hatte. Deswegen kennt er sich nicht aus und glaubt tatsächlich, dass Männer komischer sind als Frauen. Er hat nie bei uns am Tisch gesessen und die bösen Witze meiner Oma, meiner Tante, meiner Mutter oder meiner Schwester gehört. Sie waren und sind alle sehr komisch. Bei uns hatte mein Onkel immer die Kartoffeln und das Fleisch im Blick. Ich glaube sowieso, dass Frauen mit dem Alter auch noch komischer werden. Wir hören lange den schlechten Witzen vieler Männer zu, bis wir endlich kontern. Aber das sitzt dann. Weil wir gute Beobachterinnen sind. Und uns für absurde Situationen interessieren. Vielleicht haben manche Männer auch einfach nur Angst vor lustigen Frauen. Weil ihnen selbst irgendwann nichts

Lustiges mehr einfällt. Und wir die meisten ihrer Witze schon kennen.

Aber wie auch immer, es ist natürlich Unsinn, dass es keine komischen Frauen gibt. Ich kenne viele. Und von denen hält sich keine mit der Darbietung von Scherzen bei Tisch zurück. Niemals. Auch nicht, wenn die Kartoffelschüssel leer ist. Das wäre auch langweilig.

In diesem Sinne: niemals auf eine gute Pointe zu verzichten rät

Ihre Dora Heldt

Fortschritt mit Technik

Es ist doch großartig, wie uns heutzutage die Technik den Alltag erleichtert. Mittlerweile reicht ein Fingerwisch, um sofort und überall zu wissen, wie das Wetter wird, wann der Bus fährt, ob ich mich für heute genügend bewegt habe, wie mein Blutdruck ist, wie mein Kontostand aussieht, wer heute Geburtstag hat, wo es Sonderangebote oder Partys gibt, wie das Stück heißt, das gerade im Radio läuft, oder was ich noch einkaufen muss. Für alle Dinge des Lebens gibt es heute eine App, man kann sich doch kaum noch erinnern, wie man früher im Alltagsdschungel überlebt hat. Es war ganz knapp, glaube ich, da kann man doch nur froh sein, dass es heute diese klugen Menschen gibt, die sich Programme ausdenken, die alles so vereinfachen. Meistens jedenfalls.

Aber es gibt bei mir durchaus Tage, an denen ich denke, dass vielleicht doch nicht alles klug ist, was mein Handy sagt. Ich meine jetzt nicht die Gelegenheiten, bei denen der Akku leer ist und ich nicht die sensationelle App aufrufen kann, die mir sagt, was ich alles einkaufen muss. Auch herkömmliche

Einkaufzettel werden in erster Linie für den Verbleib auf dem Küchentisch geschrieben. Nein, es geht mir eher um die Erleichterungen, die eigentlich gar keine sind. Meine elektrische Zahnbürste, zum Beispiel, wird nun auch über Bluetooth gesteuert und schickt mir vorwurfsvolle Meldungen, ich hätte zu lange keine Zähne mehr geputzt. Habe ich, aber mit einer Reisezahnbürste, weil ich unterwegs war. Das ist der App aber nicht zu erklären, die Meldung ploppt täglich auf und setzt mich unter Druck. Die neue Kaffeemaschine kann, dank der neuen Technik, im Prinzip auch alles selbst. Die Kaffeestärke, den Mahlgrad und die Menge der aufzuschäumenden Milch habe ich schon sehr fortschrittlich über mein Telefon programmiert. Ich muss nur noch den Befehl geben und bekomme sofort einen Kaffee.

Und hier kommt dann die Realität ins Spiel. Die App stellt nämlich keine Tasse unter die Maschine. Und wenn man dann noch aus Versehen den Milchschlauch in den Müll geworfen hat, dann gibt es keinen Cappuccino, auch wenn mir die App ständig sagt, dass alles bereit ist. Sie irrt sich. Genauso übrigens wie der Schrittzähler meiner Schwester. Die ist seit ein paar Wochen nämlich sensationell gut im Training, bereits mittags ist sie so viel gelaufen, dass die App ihr immer begeistert gratuliert. Ein Programmierfehler, schätze ich, meine Schwester ist mit ihrem Büro umgezogen und arbeitet jetzt im achten Stock. Mit Fahrstuhl. Hat sie der App aber noch nicht gesagt. Aber demnächst fliegt sie auf, da bin ich sicher. Die Programmierer sind einfach zu clever.

Bei der Gelegenheit: Kann man das mit der Tasse irgendwann vielleicht doch regeln? Es würde helfen. Mit fortschrittlichen Grüßen

Ihre Dora Heldt

Einfach mal überreagiert

Neulich war ich mit ein paar Freunden beim Italiener um die Ecke. Leider konnten wir uns nicht an den schönen Tisch am Fenster setzen, weil der für zehn Gäste reserviert war. Anscheinend eine kleine Feier, die Tafel war schön gedeckt und mit Blumen dekoriert, wir mussten an den Nebentisch. Die Gäste kamen etwas später als angekündigt, es war mittlerweile voll, sie setzten sich, redeten viel und lasen die Speisekarte. Der Kellner kam zweimal, beim ersten Mal waren sie noch nicht entschieden. Was dann genau passierte, bekamen wir beim Essen nicht mit, aber plötzlich entstand eine große Unruhe, alle standen auf, zogen sich wieder an und eine der Frauen brüllte wutentbrannt, das ließe sie sich nicht bieten, sie würde dieses Lokal nie wieder betreten, und aus Solidarität würden nun alle gehen. Ohne zu essen.

So ein Geschrei in einem Restaurant legt sich natürlich auch bei den anderen Gästen auf die Stimmung, so etwas ist ja immer unangenehm. Anscheinend hatte der etwas gestresste Kellner lediglich einen blöden Witz gemacht, die Frau solle doch gefälligst mal den Blick vom Handy nehmen, während er sie fragt, was sie denn essen wolle. Vermutlich war der Ton nicht in Ordnung, aber jetzt mal im Ernst: Muss man aufgrund eines dummen Satzes eine solche Szene machen? Hätte es nicht gereicht, sich einfach cool zu beschweren?

Aber das passiert. Man kriegt eine Wut, weil man sich schlecht bedient fühlt, und zieht dann die Konsequenz. Manchmal unüberlegt. Ich habe mich vor Jahren in einem Blumenladen so über eine Verkäuferin geärgert, dass ich es ähnlich versemmelt habe. Sie hat zu mir in einem unmöglichen Ton gesagt: »Jetzt warten Sie mal, bis Sie dran sind.« Ich hatte die Kundin, die vor mir war, nicht gesehen und ganz freundlich gesagt, dass ich gern zwanzig Tulpen hätte. Nach ihrer pampigen Antwort hatte ich Gedanken wie »Was bildet die sich ein?«, »Was denkt die, wer ich bin?«, »Das habe ich nicht nötig, die spinnt ja wohl«. Und dann habe ich die Steigerung all dieser Gedanken laut gesagt: »Dann eben nicht, ich werde diesen Laden nie wieder betreten.« Und ich ging. Ohne eine Antwort abzuwarten. Meine Wut dauerte zwanzig Minuten. Geärgert habe ich mich die nächsten Jahre, es ist nämlich der beste Blumenladen in der Nähe. Und ich habe mir selbst Hausverbot erteilt. Nach der Szene neulich im Restaurant bin ich da übrigens wieder hingegangen. Ich kannte keine der Floristinnen mehr, habe aber unfassbar schöne Tulpen gekauft. Es war ganz leicht. Und fühlte sich an wie Nachhausekommen.

Also, falls Sie demnächst einen Wutanfall bekommen, weil eine Bedienung schlecht ist: Alle haben mal einen blöden Tag und es macht keinen Sinn, sich selbst auch noch den Rest zu verderben. Abgänge im Zorn kann man nicht mehr zurücknehmen. Und wer weiß schon, welche viel schlimmeren Probleme die pampige Floristin und der freche Kellner an diesen Tagen hatten. Mit dem Vorsatz, mir nie wieder Orte zu verbieten, grüßt

Ihre Dora Heldt

Kannst du mal …?

Meine Großmutter hat ihr Leben lang Zimmer mit Frühstück an Feriengäste vermietet. Deshalb hatte sie immer Gäste und viel Menschenkenntnis. Die meisten Gäste konnte sie gut leiden, es gab aber zwei Arten von Urlaubern, die sie gehasst hat. Die einen waren die Angeber, die alles besser wussten und konnten und permanent vor sich hin redeten, ohne jemals zuzuhören, und die anderen, die sie fast noch schlimmer fand, waren die, die sie dem »Stamme Nimm« zuordnete. Das erste Stammesmitglied, das ich kannte, war ein Berliner Gast, der zwei Wochen im preiswertesten Zimmer schlief, sich aber jeden Morgen sechs belegte Brote schmierte, um nicht am Strandkiosk welche kaufen zu müssen, alle Zeitungen einsteckte und das Obst, das für alle Gäste dort stand, komplett abräumte. »Am liebsten umsonst« war seine Devise, Trinkgeld gab er natürlich nie, er hatte ja das Zimmer bezahlt. Und deshalb ließ er sich auch von meiner Großmutter, die zu höflich war, es abzulehnen, die Wäsche waschen.

Diesen Stamm hatte ich jahrelang vergessen, ob

es nun an meinem Langzeitgedächtnis liegt oder ob die Stammesgröße plötzlich explodiert ist, weiß ich nicht, aber ich habe in letzter Zeit oft an seine Mitglieder gedacht und treffe sie plötzlich wieder an allen Ecken. Ob auf Partys, in Restaurants oder am Urlaubsort, sie tauchen gerade vermehrt auf. Und mischen sich in Gespräche ein. Dabei ist es ganz egal, ob sie einen sympathisch finden, das ist gar nicht nötig, sie interessieren sich sowieso nicht für den Einzelnen. Nur für das, was sie brauchen. Sobald sie hören, dass irgendjemand etwas Nützliches besitzt oder kann, werden sie gesprächig: »Sag mal, du bist doch Tischler, kannst du mir eben mal die Tischplatte abschleifen?« oder »Ist das dein Auto? Das große? Brauchst du das Dienstag?« oder »Das ist ja eine schöne Wohnung, ich muss im Juli eine Woche nach Hamburg, da kann ich auch bei dir wohnen« oder »Ach, ist deine Freundin Ärztin? Dann kann die sich doch schnell mal mein Knie ansehen, das tut so weh, ich komme vorbei, wenn sie dich besucht ...«.

Dabei ist es völlig egal, wie lange diese Bekanntschaft schon besteht, die Forderungen der »Stamme Nimm«-Mitglieder kommen, sobald sie den Vornamen ihres Gegenübers wissen. Jetzt kennt man sich ja, jetzt ist man locker. Natürlich gehen die Stammesmitglieder davon aus, dass sie nie etwas bezahlen müssen, schließlich sind das doch alles Bekannte, da kann man ja mal was abgeben. Ich hasse das. Sie fragen so geschickt, dass man sich bei einer Ablehnung unfreundlich und schlecht fühlt. Wie bei meiner Großmutter und der Wäsche. Aber wenigstens hatte ihr Gast damals das Zimmer bezahlt. Und meine Stammesmitglieder wollen es ganz umsonst. Also, zum Merken: Auch wenn Hamburg schön ist, ich habe kein Gästezimmer. Und meine Freundin ist Narkoseärztin. Alles klar? Mit Grüßen an die zahlenden Gäste

Ihre Dora Heldt

Auf der Klippe

Der kleine Sohn einer Nachbarin saß neulich etwas verzweifelt über seinen Hausaufgaben, als er plötzlich sagte: »Immer wenn ich den Gedanken fast habe, dann fällt er über die Klippe.« Ich habe selten eine so gute Umschreibung für dieses Gefühl gehört. Jeder kennt das. Man denkt angestrengt über etwas nach, sucht einen Namen, einen Ort, einen Zusammenhang, grübelt über ein Problem und versucht, die Lösung zu finden, und kaum hat man eine Idee, steht sie schon an einer Klippe und fängt an, das Gleichgewicht zu verlieren. Und während man sich mit zusammengekniffenen Augen immer mehr konzentriert, macht es »bubb« und sie ist runtergefallen. Und hinterlässt keine Spuren. Alles auf Anfang.

Ich habe schon so viele Gedanken, Namen, Orte und Problemlösungen über die Klippe fallen sehen, dass ich den Sohn meiner Nachbarin so wunderbar verstehen kann. Es ist aber auch zu nervig. Da liegt einem das Wort schon so weit vorn auf der Zunge, da ist man schon so dicht dran und dann erwischt man es trotzdem nicht. Oder sehr viel später. Wenn man seine Aufmerksamkeit auf ganz andere Dinge lenkt. Und das Wort, das erst auf der Klippe wackelte und dann abstürzte, fast vergessen hat. Dann nämlich rappelt es sich auf und klettert die Klippe ganz unbemerkt wieder hoch. Und steht plötzlich in Siegerpose oben. Das ist doch ein schönes Gefühl.

Wir saßen letzte Woche im Garten und der Blick meiner Schwester fiel auf einen Gegenstand, der als Dekoration in einem Beet lag. Sie fragte, was das wäre, meine Schwägerin gab die Antwort: »Ein Taschenkrebsgehäuse.« Auf die ungläubige Nachfrage meiner Tante versuchte ich die Erklärung: »Eine Krebshütte. Oder Krebshaus. Leer. Lag am Strand.« Meine Tante starrte in die Richtung, schüttelte den Kopf und sagte: »Das heißt anders.«

Es vergingen mehrere Minuten, wir hatten bereits das Thema gewechselt, meine Tante starrte weiter, man merkte ihr an, dass sie angestrengt nachdachte, ich sah das Wort, das sie verzweifelt suchte, jetzt ganz deutlich auf der Klippe stehen und mit den Armen rudern. Und ganz plötzlich, kurz vor dem Fall, erwischte sie es noch. Im letzten Moment. Sie hatte es von der Klippe gerissen, hob abrupt den Kopf, lächelte strahlend und rief mit einer tiefen Erleichterung: »Fette Henne. Das heißt Fette Henne.«

Okay, sie hatte das Krebsgehäuse von ihrem Platz aus nicht sehen können, sondern die ganze Zeit auf einen Blumenkübel gestarrt, aber egal, das Glück, das sie bei der Rettung des von ihr gesuchten Wortes vor dem Klippenfall empfand, gehörte ganz ihr. Und letztlich ist es auch völlig gleichgültig, welche Wörter oder Gedanken man von der Klippe rettet. Die Hauptsache ist doch, dass man es schafft. Als Kompromiss haben wir dann das Taschenkrebsgehäuse dekorativ in den Kübel gelegt. Damit die Suche nicht umsonst war. Mit Grüßen von der Klippe und dem Stichwort Taschenkrebs grüßt

Ihre Dora Heldt

Dabei sein

Statistisch erwiesen sind Frauen zwischen fünfzig und sechzig heute gelassener, selbstbewusster, sportlicher, spontaner und unternehmungslustiger als alle Frauengenerationen vor ihnen. Als wären sie einem Jungbrunnen entstiegen, ziehen sie sich anders an, haben guten Sex, haben Karriere gemacht oder beginnen ganz neue Dinge, seit die Kinder aus dem Haus sind. Das lese ich überall, es macht mich froh und versöhnt mich mit dem Älterwerden, das ist ja überhaupt keine Frage. Und wenn ich mich in meinem Freundinnenkreis umsehe, stimmen diese Statistiken auch weitgehend.

Eine meiner Freundinnen lernt jetzt Englisch, damit sie sich in ihren Urlauben endlich mit ihren zahlreichen Urlaubsbekanntschaften unterhalten kann, eine andere geht zweimal in der Woche in den Stadtpark und macht in einer Gruppe Outdoor-Zirkeltraining, Nele hat sich ein Mountainbike gekauft und Katrin, Carola und Barbara haben einen Spontantrip nach Helsinki gemacht, weil das gerade so angesagt ist. Nicht zu vergessen Nina, die sich überlegt hat, eine Ausbildung zur Heilpraktikerin zu machen, weil sie so gerne lernt. Ich weiß nicht, wie es Ihnen so geht und ob Sie auch solche Freundinnen haben. Mich setzen die nämlich manchmal auch unter Druck. Weil bei mir mit dem Älterwerden leider auch eine gewisse Gelassenheit einhergeht, die man auch als eine Form der Bequemlichkeit definieren könnte.

Es gibt nämlich so ein paar Dinge, die ich früher schon nicht so toll fand, jetzt aber gar nicht mehr mag. Viele Leute auf einem Haufen, zum Beispiel. Oder laute Musik. Oder volle Kneipen, in denen man sein eigenes Wort nicht versteht. Ich schlafe nicht mehr besonders gut in fremden Betten und ich vertrage nicht mehr jedes Essen. Dafür gehe ich gern allein am Strand entlang und ich habe wieder angefangen zu stricken. Weil man dabei so gut denken kann. Genauso wie am Strand. Nur kam Nele neulich vorbei, die ein ernstes Wort mit mir reden wollte, weil ich in der letzten Zeit nicht auf ihre Vorschläge, am Wochenende etwas zu unternehmen, eingegangen bin. Dabei waren es gute Vorschläge, die Eröffnung eines neuen Kinos in der Innenstadt, ein Konzert und eine Weinmesse. Aber irgendwie war ich immer zu müde. Und jetzt kam sie vorbei und sah mich in einem alten grauen Pulli und noch älterer Jeans bei der Wiederholung eines uralten, aber immer noch guten Fernsehkrimis auf dem Sofa stricken. Fassungslos betrachtete sie diese Szene und fragte, ob es mich glücklich mache, wenn sie mir Apfelschnitzchen schneide und dazu einen Eierlikör kredenzen würde. Das fand ich jetzt übertrieben, ich bin ja nicht ihre Oma.

Also habe ich ihr gesagt, dass ich nun in einem Alter bin, in dem ich mich auch mal für einen Moment aus dem Vergnügungsstress rausnehmen könne, wenigstens so lange, bis der Schal fertig und die Tage wieder länger sind. Dann komme ich auch wieder mit tanzen. Wenn ich ganz wach bin. Ganz bestimmt. Auf dem Weg in die nächste Unternehmungslust grüßt, noch entspannt und ausgeschlafen,

Ihre Dora Heldt

Sanfter Umgang

Wenn man anfängt, über die heutige Jugend zu schimpfen, merkt man, dass man alt wird. Das hat mir mal eine kluge Nachbarin erzählt. Und an diesen Satz musste ich neulich denken. Ich habe nämlich mit meinem Patensohn Jakob Tennis gespielt. Das klingt erst mal nicht besonders spannend, aber Jakob ist erst elf, das Turnier war ein Eltern-Kind-Turnier, aber weil Jakobs Eltern kein Tennis spielen, durfte ich ran. Als ich das einer Bekannten erzählte, wünschte die mir viel Spaß, sagte aber auch, dass sie es mit Jungs in dem Alter schwierig fände. Sie wären alle so furchtbar cool, aber auch laut und oft aggressiv, sie würden nur noch auf ihre Handys starren, die Hälfte der Zeit mit irgendwelchen Ballerspielen am Computer verbringen, sich selten an Gesprächen beteiligen und sich nur für sich selbst interessieren. Ich fand das sehr übertrieben und dachte an den oben zitierten Satz.

Allerdings muss ich einräumen, dass Jakob mittlerweile tatsächlich sehr cool ist, wenngleich er noch ab und zu spricht. Aber er ist ehrgeizig, zumindest im Sport, er will gewinnen, ob im Fußball oder beim Tennis, seine Laune rutscht schon mal in den Keller, wenn er das Spiel verliert. Das wusste ich und hoffte nur, dass ich nicht zu viele Fehler auf dem Platz machen würde, um mögliche Konflikte zu vermeiden. Es ging tatsächlich etwas schleppend los, wir kamen beide schlecht rein und verloren das erste Spiel, knapp zwar, aber die Punkte waren weg. Im zweiten Spiel wurden wir besser, Jakob sogar noch mehr als ich, er spielte sehr sicher, sehr gut und wir gewannen. Dann kam eine Regenpause, danach ein Leistungsknick, Jakob warf mir bei einem Doppelfehler einen ungeduldigen Blick zu und ich strengte mich an, weil ich merkte, wie seine Laune sank. Nach einem kurzen Disput schafften wir es doch, Jakobs Laune war blendend und dann kam das entscheidende Doppel. Mein Patensohn presste die Lippen zusammen, als er die Gegner sah. Vater und Sohn, der Vater erwies sich schon beim Einspielen als Tenniskanone, der Sohn war auch elf und sehr cool, versiebte aber seinen Aufschlag, ich witterte eine Chance. Und dann kam Jakob und spielte plötzlich wie ein Anfänger, kraftlos, bekam die Bälle kaum noch übers Netz, machte seltsame Aufschläge, nichts klappte.

Ich wollte ihn gerade trösten, sagen, dass es nicht so schlimm wäre, da sah er mich verzweifelt an und sagte: »Ich kann nicht so sanft schlagen, dann sind die aus, ich versuche es die ganze Zeit.« Ich verstand es nicht, bis er leise sagte: »Ole kann nicht gut spielen und wenn er meine Bälle nie kriegt, hat er keine Lust mehr und sein Vater ist sauer.« Sie haben gegen uns gewonnen, es war ihr einziger Sieg, Ole hat gelächelt und sein Vater war stolz. Ich auch. Auf den coolen Jakob, der so ein großes Herz hat. Und auch deshalb werde ich nie was Schlechtes über die heutige Jugend sagen. Das verspricht

Ihre Dora Heldt

Geschönte Biografie

Meine Freundin Nele hat eine neue Nachbarin, die sie dermaßen in Ehrfurcht versetzt hat, dass sie sich kaum noch einkriegt. Sie heißt Laura, ist nicht nur äußerst attraktiv, sondern auch noch klug und sehr erfolgreich. Nele hat erfahren, dass sie fünf Sprachen spricht, zwei Auslandsjahre hinter sich hat, Leistungsschwimmerin war, Klavier spielt und sogar mal einem Theaterensemble angehört hat. Aufgewachsen ist sie in einem kleinen Dorf und deshalb nicht nur sehr bodenständig, sondern auch noch mit Fähigkeiten wie Melken und Ausmisten gesegnet.

Ich habe Nele sehr skeptisch zugehört und mich gefragt, an welchen Stellen Laura ihre Biografie wohl ein bisschen geschönt hat. Es ist nicht so, dass ich grundsätzlich misstrauisch bin, aber die Erfahrung zeigt doch, dass jeder von uns beim Kennenlernen neuer Menschen gern einen guten Eindruck machen möchte und deshalb die eine oder andere Geschichte seines Lebens ein kleines bisschen verändert. Es ist nicht richtig gelogen, nur etwas anders dargestellt. Man übertreibt bei einigen Geschichten etwas, lässt dafür andere weg, beschreibt Dinge nur ganz vage, lässt Peinlichkeiten aus und mischt das Ganze mit bekannten Namen und Orten. Das verbindet man gekonnt, und sofort macht sich der Gesprächspartner ein Bild. Und zwar das, was man selbst vorgegeben hat. Ganz einfach.

So ist es wohl auch bei Laura gewesen, die ich kurz danach kennengelernt habe. Im Verlauf des Gesprächs und unter dem Einfluss mehrerer Weißweine ergaben sich dann die Einzelheiten, die sich zu Neles Eindruck zusammengesetzt hatten. Ich mache es ganz kurz: Laura ist in einem Dorf aufgewachsen und kann melken. Sie spricht neben Plattdeutsch noch Schulenglisch, Schulfranzösisch und Hochdeutsch, das sind zwar nur vier Sprachen, aber sie kann auf Spanisch Essen bestellen, das hat sie im Urlaub gelernt. Sie hat zweimal einen Schüleraustausch versucht, war aber immer so heimwehkrank, dass sie nach jeweils zwei Wochen abbrechen musste. Sie ist mit zwölf aus dem Schwimmverein ausgetreten, obwohl sie in ihrer Gruppe die Beste war. Die Klavierstunden waren ein Wunsch ihrer Oma, nach deren Tod hat sie sofort aufgehört. Und in der Schulaufführung der Theater AG hat sie einen Rotkohl gespielt. Ja, diese Rolle gab es tatsächlich. Sie ist wirklich eine sehr bodenständige Person und so nett, dass sie eigentlich gleich alles richtig erzählen könnte, sie bräuchte gar nichts zu beschönigen. Und jetzt mal im Ernst: Jemand, der auf der Bühne einen Rotkohl spielen kann, der braucht nie wieder irgendetwas geschönt oder geschummelt zu erzählen. Der hat es geschafft. Mit Neugier auf die echten Geschichten grüßt

Ihre Dora Heldt

Damit es alle wissen

Nele hat mir auf ihrem Smartphone ein Foto von einer hübschen jungen Frau gezeigt, die bei Sonnenuntergang mit Blüten im noch feuchten Haar am Strand sitzt und sehnsüchtig guckt. Ich fand das Bild etwas kitschig, darum ging es aber gar nicht, der Witz war, dass es sich um Neles ehemalige Nachbarin handelte. Sie hatte sich mithilfe von Filtern zwar zwanzig Jahre jünger, zehn Kilo leichter und etwas mandeläugiger gemacht, aber gut, wenn man das mag, warum nicht?

Nele hingegen war fassungslos. Sie hatte mit dieser Nachbarin eine kleine Auseinandersetzung gehabt, weil Nele aus Versehen einen Brief geöffnet hatte, der zwar in Neles Briefkasten gelegen hatte, aber an die Nachbarin gerichtet war. Natürlich hatte sie ihn sofort wieder verschlossen und rübergebracht, musste sich dann aber anhören, dass das ein Eingriff in die Privatsphäre wäre, Nele hätte auf die Adresse achten müssen und den fremden Brief nicht öffnen dürfen. Die Nachbarin war sauer, Nele auch, kurz danach zog sie sowieso aus.

Und jetzt hat Nele dieses Bild im Netz gefunden.

Und es ging ihr dabei nicht um das verjüngte und verschlankte Aussehen, sondern um das, was sie sonst noch gefunden hat. Die Nachbarin ist nämlich ganz aktiv im Netz und postet regelmäßig kluge Sätze, schöne Fotos und andere bedeutsame Dinge. Wir wissen jetzt, wo sie letzte Woche essen war und was es gab, wir haben ihr neues Sofa vor der Balkontür gesehen, wir wissen auch, wo sie wohnt, weil man am Sofa vorbei eine U-Bahn-Haltestelle erkennt, wir wissen, dass sie wieder in einer Beziehung ist und ihr Freund Tennis spielt, wir kennen ihren Hund, ihr rotes Auto und dass sie es wichtig findet, sich selbst so zu lieben, wie man ist. Das wiederum hat uns gewundert, weil sie doch dann nicht diese Filter benutzen müsste. Aber wie auch immer, die überflüssigste Information war die, dass sie mit ihrem Freund am letzten Mittwoch für drei Wochen in den Urlaub gefahren ist. Das wurde mit dem kitschigen Bild dokumentiert, damit alle wissen, wie schön sie es da gerade hat, und selbst neidisch werden. Nur hätte sie natürlich dann auch posten können, wo genau die Wertsachen in ihrer Wohnung liegen, damit die Einbrecher nicht alles durchsuchen müssen. Und so ein Chaos in der Wohnung hinterlassen, dass sie nach dem Urlaub erst mal aufräumen muss. Das wäre schließlich in jedem Fall ein Eingriff in die Privatsphäre. Fast so schlimm wie das Öffnen eines Fehlläufers.

Also, vielleicht sollte man doch nicht alles posten, auch wenn Fotos im Abendlicht immer vorteilhaft sind. Mit zurückhaltenden Grüßen

Ihre Dora Heldt

Die Liebe ihres Lebens

Meine Freundin Dorothea ist Single. Natürlich hat sie ab und zu auch mal eine kleine Affäre oder einen charmanten Flirt, aber sie lebt allein mit dem Motto: »Den Prinzen kannst du mitnehmen, ich behalte das Schloss.« Nur enge Freundinnen und Eingeweihte wissen, dass Dorothea seit nunmehr 25 Jahren eigentlich ein gebrochenes Herz hat. Sie hatte damals einen Freund, einen festen Freund, so einen, mit dem man Zukunftspläne für Urlaube, Häuser, Schlösser und was weiß ich noch alles macht.

Ich habe ihn nie gesehen, weil ich Dorothea erst kennenlernte, als der Prinz schon über alle Berge geritten war. Wobei sie eigentlich weggeritten ist, er ist in ihrem Heimatort geblieben. Aber ich habe alle Geschichten im Detail gehört. Bilder von ihm gibt es nicht, die hat sie alle im Liebeskummer verbrannt. Ein großes Drama, das sie bis heute beeinflusst. Sie redet selten darüber, es ist aber ein stichhaltiges Argument, wenn sie einem neuen Mann in ihrem Leben erklären muss, warum sie sich nicht auf eine feste Beziehung einlassen kann. Auch weigert sie sich standhaft, ihren Heimatort zu besuchen, aus Angst, den Prinzen dort zufällig zu treffen und womöglich deshalb in Ohnmacht zu fallen. Weder Klassentreffen noch runde Geburtstage von gemeinsamen Bekannten waren möglich, sie meidet jede Gelegenheit, bei der sie ihn womöglich sehen könnte, selbst nach all den Jahren. Die Vorstellung, die Liebe ihres Lebens mit seiner Familie zu treffen, macht natürlich Angst. Das will niemand. Jetzt war Dorothea vor einigen Wochen mit einer Freundin in der Stadt in einem Bistro. Sie hatten einen schönen Abend, haben viel gelacht, mussten aber irgendwann gehen, weil der Tisch, an dem sie saßen, im Anschluss reserviert war. Während sie sich noch die Jacken anzogen, kam das Paar, das reserviert hatte, schon ungeduldig an den Tisch. Sie mit Mütze, er, groß, kahl, etwas grobschlächtig, nicht sonderlich gut gelaunt, mit demonstrativem Blick auf die Uhr. Aber bevor Dorothea ihre Jacke zugeknöpft hatte, veränderte sich plötzlich sein Gesichtsausdruck und er fragte: »Dorothea?« Sie sah ihn an, ging alle möglichen Leute im Geiste durch, kam nicht drauf, in welchem Zusammenhang sie diesen Mann kennen könnte, und sagte freundlich: »Entschuldigung, ich weiß jetzt gerade nicht …« Was soll ich sagen? Es war der Prinz. Und sie ist nicht ohnmächtig geworden, weil sie ihn nämlich gar nicht erkannt hat. Nach 25 Jahren. Er sah ganz anders aus als in ihrem Kopf. Kein Prinz. Keine Ohnmacht. Und die jahrelange Angst vor diesem zufälligen Treffen war ganz umsonst gewesen. So einfach ist es manchmal. Jetzt ist Dorothea ganz glücklich, dass ihr Leben ohne Prinz in eine völlig andere Richtung gelaufen ist. Und sie hat gelernt, dass die Angst vor Ereignissen oft schlimmer ist als das Ereignis selbst.

In diesem Sinne, mit Grüßen an alle vergessenen Prinzen,

Ihre Dora Heldt

Sind Sie ein guter Hypochonder?

Im Internet habe ich einen Test gemacht, mit dem ich rausfinden wollte, ob ich zu den etwa sechs Prozent der Menschen gehöre, die unter der Angst leiden, krank zu werden, also Hypochonder sind. Neben diesen sechs Prozent vermutet man übrigens noch eine sehr viel höhere Dunkelziffer, so richtig gern spricht man ja nicht darüber. Ich habe den Test deshalb gemacht, weil meine Schwester mir kommentarlos den Link geschickt hat, eine billige Retourkutsche für meine Absage, mit ihr essen zu gehen. Sie hatte aber am Telefon dermaßen nasal geklungen, dass ich schon beim Gedanken an die schwesterliche Umarmung ein Kratzen im Hals verspürte. Die Ansteckungsgefahr war mir einfach zu groß. Ich war schon immer extrem vorsichtig.

Bei uns zu Hause gab es ein rotes Buch, das mich gleichermaßen verängstigte wie faszinierte. Es hieß ›Der Arzt im Hause‹ und man fand dort sämtliche Krankheiten, an denen Menschen leiden konnten, sowohl ausführlich beschrieben als auch farbig illustriert. Ich weiß nicht, wie oft ich zitternd überlegt habe, ob meine Schmerzen in den Beinen tatsächlich nur Muskelkater oder nicht doch die ersten Anzeichen von Kinderlähmung waren. Meine Halsschmerzen diagnostizierte ich mithilfe des Buches als Typhus, meine Pubertätsunreinheiten als Nesselfieber. Ich war mir auch sicher, eine Gürtelrose zu bekommen, ganz schrecklich fand ich die Fadenwurmerkrankungen, vor denen ich wirklich große Angst hatte. Das Buch war alt, ich noch jung und die Zweitdiagnose unseres Hausarztes deckte sich nie mit meiner.

Natürlich habe ich in den langen Jahren versucht, damit aufzuhören, man macht sich ja nur verrückt. In den letzten Jahren ist es aber wieder etwas schlimmer geworden, einschlägige Foren und Artikel im Internet machen heute jeden unsicher. Und ich lese mich da immer fest. Obwohl ich das nicht will. Hypochonder sind ja auch für ihr Umfeld anstrengend. Das weiß ich, weil ein Freund von mir noch schlimmer ist.

Am letzten Wochenende haben wir einen Ausflug in ein idyllisches Hof-Café gemacht. Wir haben uns nach einer langen Anfahrt erst umgeschaut und dabei ein niedliches Kalb gesehen, das aber traurig und allein in einer Box stand. Als wir gefragt haben, warum das kleine Tier so allein war, sagte der Landwirt, dass es einen Fellpilz habe, der ansteckend sei. Das war´s. Der Freund hat das Kalb nicht mal gestreichelt, trotzdem wurde er fast hysterisch, kratzte sich sofort überall und weigerte sich, auch nur fünf Minuten länger in diesem kontaminierten Gelände zu bleiben. Es war aussichtslos, ihn zu überreden, er ist Hypochonder, wir mussten ohne Kaffee zu trinken sofort losfahren. Er machte sich verrückt. Wegen eines Kalbs. Das ist doch nicht zu glauben. Mit verständnislosen Grüßen, aber der fast vollen Punktzahl im Test, grüßt

Ihre Dora Heldt

Stechender Durst

Neulich im Bus ist vor mir eine junge Frau gestürzt, weil sie sich bei einer leichten Bremsung nicht festhalten konnte. Sie tippte mit der rechten Hand nämlich in ihr Handy und umklammerte mit der linken Hand eine Wasserflasche. Ihr ist bei dem Sturz nichts Schlimmes passiert, aber mir hat sie dabei den Inhalt ihrer Wasserflasche über den Mantel gekippt. Ihre Entschuldigung lautete: »Oh, dann war der Verschluss wohl nicht richtig zu.« Okay, dachte ich, half ihr aber trotzdem hoch und tupfte meinen Mantel ab. Es war ja nur Wasser.

Und damit bin ich beim Thema. Ich weiß, dass Wasser gesund ist und dass jeder Mensch am Tag davon 1,5 Liter trinken soll. Das empfehlen auch die Ärzte. Und deshalb sollte man auch daran denken, wenn man sich stundenlang in Wüsten, Dünenlandschaften, auf hoher See oder in den Bergen aufhält. Und sich Wasserflaschen in den Rucksack stecken. Weil es furchtbar ist, wenn man Durst bekommt und es weit und breit keine Möglichkeit gibt, an ein Getränk zu kommen. Aber die Gefahr des Verdurstens besteht doch eigentlich nicht in

Städten, Büros oder Shoppingcentern. Könnte man denken. Und wird eines Besseren belehrt, weil mittlerweile aus jeder zweiten Handtasche eine Plastikflasche lugt.

In den letzten Jahren hat dieses Phänomen sprunghaft zugenommen. Man verlässt die Wohnung nicht mehr ohne Wasserflasche. Seltsamerweise sind es in der Mehrheit Frauen, die anscheinend schon auf dem Weg zur Arbeit stechenden Durst bekommen, in Umkleidekabinen erst mal was trinken müssen oder im Bus lieber aufs Festhalten verzichten. Und die wenigsten sehen so aus, als müssten sie aus medizinischen Gründen ständig Flüssigkeiten bei sich haben. Ich hätte schon ein Problem damit, ständig auf öffentliche Toiletten zu gehen. Und das würde passieren, wenn ich die ganze Zeit trinke. Warum also macht man das? Aus Plastikflaschen trinken, egal, wo man ist? Gibt es zu Hause nichts? Und im Büro auch nicht? Natürlich kostet es Geld, wenn man sich beim Einkaufen in ein Café setzt und dort ein Wasser bestellt. Das sehe ich ein. Aber man sitzt wenigstens. Und trinkt aus einem Glas. Und das auch nur, wenn man Durst hat. Was ja normalerweise nicht alle halbe Stunde passiert.

Ich frage mich nur, wie man das früher gemacht

hat. Bevor die Plastikflaschen in die Handtaschen kamen. Da sind doch auch nicht so viele verdurstet. Zumindest kenne ich niemanden. Wir haben zu Hause gefrühstückt, sind dann zur Arbeit gefahren und haben in der Frühstückspause Kaffee getrunken. Und das ging. Auch gesundheitlich. Das haben wir ausgehalten. Was also ist da genau mit unseren Körpern passiert, dass sie jetzt schon auf dem Weg nach Wasser schreien?

Beim Bemühen, das zu verstehen, und ohne Plastikflasche in der Tasche grüßt

Ihre Dora Heldt

Urlaubsreif

Dass die Ferien jetzt so langsam losgehen, merkt man nicht nur an den Staus auf den Autobahnen, den langen Schlangen an den Flughäfen und den vollen Zügen, sondern auch an den dünnen Nerven mancher Reisenden. Sie sind sehr urlaubsreif. Sie sind so überarbeitet, so gestresst, so genervt, dass es jetzt wirklich Zeit wird, in die Ferien zu kommen. Die letzte Hürde ist noch die Anfahrt zum Urlaubsziel, die muss man noch schaffen, aber danach wird alles besser. Dann werden sie ruhiger, entspannter, langsamer, ja, dann haben sie sogar wieder gute Manieren. Aber erst, wenn sie angekommen sind, auf dem Weg dorthin kann man das wirklich nicht von ihnen verlangen. Das schaffen sie nicht.

In Zeiten wie diesen bekommt man schon mal einen Koffer in die Kniekehlen gerammt, wenn man sich nicht schnell genug in der Schlange vor der Gepäckannahme bewegt. Die gestressten Reisenden sind so gestresst, dass sie schnell und als Erste in das Flugzeug müssen. Wenn der Vordermann das unterschätzt, wird er schon mal zur Seite geschubst. Auf der Autobahn ist das viel leichter, da können sie zur Not rechts überholen und ein bisschen dichter auffahren, damit die anderen sich beeilen oder, besser, Platz machen. Hauptsache, sie kommen ganz schnell ans Ziel, egal wie.

Gestern bin ich mit der Bahn gefahren, zusammen mit sehr vielen Urlaubsreifen. Sie waren alle sehr nervös, weil die Bahn schon kurz nach der Abfahrt eine kleine Verspätung hatte. Beim ersten Halt haben sich deshalb vier von ihnen erbost vor mir aufgebaut und mir unfreundlich mitgeteilt, dass ich auf einem ihrer reservierten Plätze säße. Tat ich nicht, sie waren im falschen Wagen, aber statt einer Entschuldigung zogen sie beleidigt ab und schimpften auf die Bahn. Und auf die alleinreisenden Frauen, die nicht aufstehen wollten. Und auf die Welt. Hinter mir begann ein urlaubsreifes Paar eine Diskussion mit einem jungen Mann, der beim Arbeiten auf seinem Laptop zu laute Tippgeräusche machte. Als er nicht darauf einging, regten sie sich über zwei kleine Mädchen auf, die beim Kartenspielen zu laut kicherten. Obwohl wir doch im Ruhebereich saßen. Und trotzdem wurde gekichert. Eine Zumutung, da muss der Frust natürlich raus.

Neulich ist ein Zug in einem Bahnhof stehen geblieben. Erst nach zehn Minuten teilte eine freundliche Stimme über die Lautsprecher mit, dass sich die Abfahrt noch weiter verzögern würde, weil man auf einen neuen Zugführer warten müsse. Der bisherige sei nämlich gerade von Fahrgästen so beleidigt worden, dass er sich krankgemeldet und nach Hause gegangen sei. Das fand ich konsequent.

Also, ihr Urlaubsreifen, ihr kommt irgendwann an. Versprochen. Auch mit Geduld und gutem Benehmen. Schöne Ferien wünscht

Ihre Dora Heldt

Darf es
etwas
GRÖSSER
sein?

Zahlreiche Titel des dtv-Programms
sind auch bei dtv großdruck in
großer und gut lesbarer Schrift
erhältlich.

Ob Krimi oder Literaturklassiker,
Frauenroman, Geschichten-
sammlung, Familienroman oder
humorvolle Lektüre:

Hier ist für alle etwas dabei.

Dora Heldt
Die Kolumnen

Dora Heldt
Die Kolumnen

Mord und Totschlag hinterm Deich

Krischan Koch
Rote Grütze
mit
Schuss

dtv
GROSS
DRUCK   Ein Küsten-Krimi

ALLE LIEFERBAREN TITEL, INFORMATIONEN UND SPECIALS
FINDEN SIE ONLINE

#Darfesetwasgrößersein?   www.dtv.de **dtv**